Frank Siegmund

Körpergröße

Beiträge zur Archäologie des Lebensstandards

Ulrike und Jochen Giesler
zum 1. 12. 2009

Frank Siegmund

Die Körpergröße der Menschen
in der Ur- und Frühgeschichte Mitteleuropas
und ein Vergleich ihrer anthropologischen Schätzmethoden

Bibliografische Information der Deutschen Nationalbibliothek:
Die Deutsche Nationalbibliothek verzeichnet diese Publikation
in der Deutschen Nationalbibliografie;
detaillierte bibliografische Daten sind im Internet über
http://dnb.d-nd.de/ abrufbar

**Die Körpergröße der Menschen
in der Ur- und Frühgeschichte Mitteleuropas
und ein Vergleich ihrer anthropologischen Schätzmethoden**

© Frank Siegmund (Basel)

rev. 1. Auflage
Herstellung und Verlag: BoD - Books on Demand, Norderstedt
2010

ISBN: 978-3-7412-2808-7

1. Einleitung

Die Frage nach der Körpergröße der Menschen in der Ur- und Frühgeschichte Mitteleuropas kann am Ende mit einfachen Zahlen und Grafiken beantwortet werden, doch der Weg dahin ist mit Aufwand behaftet. Dank guter Quellen ist die am besten bezeugte Epoche das frühe Mittelalter; hier wird nach aktuellem Handbuchwissen eine durchschnittliche Körpergröße für die Männer von 1,71 m und für Frauen von 1,62 m angegeben.[1] Die damaligen Menschen wären damit etwa 10 cm größer als die ersten Ackerbauern in Mitteleuropa,[2] und etwa 10 cm kleiner als rezente Mitteleuropäer,[3] doch einen einfachen linearen Trend über die Zeit scheint es nicht zu geben.[4] Stets wird die beträchtliche Variation der Körpergröße zwischen und innerhalb von Populationen betont.

Zwar gilt die Körperhöhe von Menschen zum größeren Teil als genetisch bedingt, doch ein Teil dieser Variation spiegelt offenbar Umwelteinflüsse und die Ernährung wider.[5] Gerade bei heranwachsenden Menschen begünstigt eine zuverlässige und gute Ernährung das Wachstum.[6] In einer seinerzeit viel beachteten Studie an Einwanderern in New York der Jahre 1908-1911 zeigte Franz Boas auf, dass innerhalb seiner Kohorten die Körpergröße der nach der Einwanderung Geborenen im Mittel um -2 bis +4 cm von der Größe der vor der Einwanderung Geborenen abwich.[7] Bei Kindern gleicher Eltern waren die Unterschiede mit -2,6 bis +13,1 cm sogar beträchtlich größer.[8] Seitdem wurde eine höhere Körpergröße von sozial besser Gestellten mehrfach beobachtet.[9] Bei einer rezenten Untersuchung an Geschwisterpaaren war die Gruppe der sozialen Aufsteiger im Mittel um etwa 2 cm größer als das Geschwisterteil, das in der Schicht der Eltern verblieb, wobei der Unterschied bei den Männern mit knapp 5 cm stärker ausfiel als der

---

1 Kunter / Wittwer-Backofen 1996, 659; Wahl u.a. 1997, 340.

2 Bach A. 1978, 76 Tab. 40.

3 Maat 2005, 278 Tab. 1.

4 Wurm 1982, insbes. 26 Abb. 4; Koepke / Baten 2005, Abb. 2.

5 Haidle 1997; Kemkes-Grottenthaler 2005; dort weitere Literatur.

6 Zusammenfassend: Ulijaszek u.a. 1998, insbes. 315-360.

7 Boas 1912, insbes. 56 Tab. 7.

8 Boas 1912, 70 Tab. 14. - Zur modernen Diskussion um diese berühmte Studie zusammenfassend mit Verweis auf weitere Literatur: Relethford 2005, 200.

9 Teschler-Nicola 1989 (bronzezeitliches Gräberfeld); Schumacher / Knussmann 1978 (Rezentstichprobe, Geschwisteruntersuchung); Kriwy u.a. 2003 (rezente Ost- und Westdeutsche).

2

bei den Frauen mit gut 2 cm Unterschied.[10] In der Variabilität der Körpergröße liegt demnach eine interessante Quelle vor, die wirtschaftsgeschichtliche und sozialhistorische Deutungen zulässt. In der modernen Wirtschaftsgeschichte wird die Körpergröße als Indikator für die ökonomische Situation von Bevölkerungsgruppen genutzt, wobei die beobachteten signifikanten Unterschiede zwischen den Gruppen oft bei 1 bis 4 Zentimetern liegen.[11] Für das 18. und 19. Jahrhundert konnte ein Zusammenhang zwischen Körperhöhe und wirtschaftlichen Konjunkturzyklen nachgewiesen werden.[12] Heute wird für Staaten geringerer Organisiertheit oder Offenheit sowie in wirtschaftsgeschichtlichen Studien die mittlere Körpergröße, die anders als etwa das Bruttosozialprodukt oder das mittlere Pro-Kopf-Einkommen der Einwohner leicht ermittelt werden kann, als Parameter des Lebensstandards verwendet.[13] In solchen Studien werden Unterschiede von ein bis wenigen Zentimetern interpretiert, was hinsichtlich der Schätzungen den Genauigkeitsbedarf andeutet.

Doch wer immer sich in der Historischen Anthropologie oder Archäologie um einen systematischen Überblick bemüht, stößt auf das Problem der verschiedenen Formeln, die für die Schätzung der Körperhöhe aus Skeletten genutzt werden. Die Vorschläge unterscheiden sich in ihrer Zielsetzung, in ihrer Qualität und in der Häufigkeit ihrer Anwendung. Die älteren Übersichten von Kurth sowie Wurm und Leimeister ersetzend,[14] bietet der Beitrag von Friedrich W. Rösing (1988) im Knussmann'schen Handbuch eine gute Übersicht und zugleich eine wertende Bilanz des damaligen Kenntnisstandes. Er ordnet die Grundlagen und die Formeln und reduziert die Vielfalt kommentiert, wonach für europäische Populationen die Berechnungen nach Pearson 1899, Olivier u.a. 1978 sowie Trotter und Gleser 1958 (*sic*) sinnvoll seien. Dabei führe Pearson zu einer Unterschätzung, Olivier u.a. 1978 zu eher mittleren Schätzungen und Trotter / Gleser 1952 (*sic*) eher zu höheren Schätzungen. Neuere Untersuchungen sind jedoch zu

---

10 Schumacher / Knussmann 1978, 174 Tab. 1.

11 z.B. Hermanussen 1997; Kriwy u.a. 2003; Komlos 2009.

12 Woitek 2003.

13 z.B. Harris 1994; Koepke / Baten 2005; Komlos 1994; Komlos / Baten 1998. Dazu eine kollektive Datensammlung, die in Tübingen akkumuliert wird: http://www.uni-tuebingen.de/uni/wwl/dhheight.html (besucht am 26. 9. 2009), bzw. http://www.wiwi.uni-tuebingen.de/cms/lehrstuhl-homepages/wirtschaftsgeschichte/data-hub-height.html (besucht am 17. 11. 2009).

14 Kurth 1954; er hatte die Schätzungen nach Manouvrier 1892, Pearson 1899, Breitinger 1937 und Telkkä 1950 miteinander verglichen. - Wurm und Leimeister 1986.

modifizierten Einschätzungen der Formeln gekommen,[15] und gerade in den letzten Jahren wurden und werden wieder eine Fülle neuer Schätzformeln publiziert.

Die jüngere Diskussion der Formeln und ihrer Exaktheit hat oft eine veränderte methodische Grundlage. Während die klassischen Untersuchungen auf Referenzserien beruhen, zu denen die gemessene Lebend- oder Leichenlänge bekannt war, werden neu auch Serien sehr vollständig erhaltener prähistorischer Skelette als Referenz benutzt, an denen die ‚anatomische Körperhöhe' geschätzt und als Vergleich benutzt wird (sog. ‚Fully-Methode').[16] Dazu werden über die Langknochen hinaus alle zur Körperhöhe beitragenden Skelettteile berücksichtigt (Schädelhöhe, Wirbelkörper u.a.), die Ergebnisse gelten als recht genau.[17] Dieser aufwendige Ansatz umgeht das Problem der Vergleichbarkeit des (prä-) historischen Materials mit den stets rezenten Referenzpopulationen, die den klassischen Formeln zugrunde liegen.[18] Nach neueren Untersuchungen schätzt die ‚Fully-Methode' die Körpergröße auf etwa $\pm$ 2 cm exakt, wobei sie in ihrer ursprünglichen Form jedoch die tatsächliche Körpergröße systematisch um 2,4 cm unterschätzt, weshalb im Jahr 2006 eine Modifikation vorgeschlagen wurde.[19] Es ist zu überprüfen, ob diese neueren Formeln auf Basis prähistorischer Referenzserien auch zu besseren Schätzungen führen.

In der deutschsprachigen Literatur zur Anthropologie archäologischer Populationen werden vor allem die Formeln von Breitinger und Bach regelhaft angewendet,[20] weshalb wir über die Empfehlung von Rösing (1988) hinausgehend die nähere Diskussion auf Breitinger und Bach ausdehnen, und zudem die Schätzungen nach Telkkä (1950) berücksichtigen, die trotz der bei Rösing referierten Einschränkungen häufiger als gut bewertet wurden. Aus der Fülle der nach der Rösingschen Forschungsbilanz publizierten Beiträge und Schätzformeln musste eine Auswahl getroffen werden, die auf Archäologierelevanz orientiert ist, d.h. Studien vorwiegend forensischer Zielsetzung hintanstellt, die auf

---

15 z.B. Formicola 1993.

16 z.B. Formicola 1993; Petersen 2005; Reichelt u.a.2003; Schmidt u.a. 2007a.

17 Fully 1956; Fully / Pinau 1960; Raxter u.a. 2006. Lesenswerte Kritik: Porter 2002, 18-19.

18 Eine gründliche Diskussion der Problematik der Referenzpopulationen findet sich bei Rösing 1988, 586 ff. mit Tab. 80.

19 Raxter u.a. 2006, mit Verweis auf weitere Untersuchungen.

20 Bei einer systematischen Sammlung von Vergleichsdaten für Mitteleuropa konnten Koepke / Braten (2005) insgesamt 2712 Körperhöhenschätzungen zusammentragen; davon beruhten 48 % auf Breitinger / Bach, 18 % auf Trotter / Gleser und 11 % auf Pearson.

4

möglichst exakte individuelle Schätzungen für moderne Menschen aus spezifischen Regionen zielen.[21]

2. Material

Angewendet auf das gleiche Material, führen verschiedene Schätzformeln zu unterschiedlichen Ergebnissen. Um das Maß und die Systematik dieser Unterschiede sichtbar zu machen, wurden für die Spätantike und das frühe Mittelalter diejenigen Populationen zusammengetragen, für die Daten der Langknochen auf dem Niveau der Individuen publiziert sind. Die Sammlung umfasst insgesamt 12 Serien mit 1001 auswertbaren Individuen (551 ♂, 450 ♀). Dabei stehen aus der Spätantike (ca. 350-450 n. Chr.) vier Gräberfelder zur Verfügung: Augsburg St. Ulrich und Afra (Kap. 5.1.1; 127 Individuen), Linz (Kap. 5.1.2; 27 Individuen), Neuburg an der Donau (Kap. 5.1.3; 83 Individuen) und Stettfeld bei Bruchsal (Kap. 5.1.4; 21 Individuen). Aus der zweiten Hälfte des 5. Jahrhunderts und dem beginnenden 6. Jahrhundert n. Chr. ist nur wenig Material von kleinen Gräberfeldern bekannt; hier wird aus den vier süddeutschen Gräberfeldern von Hemmingen, Horb, Pleidelsheim und Wyhl eine Sammelserie gebildet (Kap. 5.2; 138 Individuen). Für die Merowingerzeit im engeren Sinne (ca. 530 - 670 n. Chr.) stehen sieben Gräberfelder zur Verfügung: Eichstetten (Kap. 5.3.1; 90 Individuen), Mannheim - Vogelstang (Kap. 5.3.2; 266 Individuen), Munzingen (Kap. 5.3.3; 55 Individuen), Oerlingen (Kap. 5.3.4; 21 Individuen), Ried - Mühlehölzli (Kap. 5.3.5; 53 Individuen), Sontheim an der Brenz (Kap. 5.3.6; 41 Individuen) und Stetten an der Donau (Kap. 5.3.7; 80 Individuen). An diesen Serien werden die systematischen Vergleiche für die Schätzformeln durchgeführt.

Zur Darstellung des langfristigen diachronen Trends (Kapitel 8) wurden aus Mitteleuropa vom Neolithikum bis zur Moderne Serien gesammelt, für die Populationsmittel-

---

21 z.B. Ousley 1995; Kahana u.a. 1996; De Mendonça 2000; Radoinova u.a. 2002; Hauser u.a. 2005; Hasegawa u.a. 2009; Auerbach / Ruff 2009. - Ebenso wird auf die Diskussion der veralteten und heute zu recht nicht mehr angewendeten Schätzungen nach Dupertius / Hadden 1951 (vgl. z.B. Schmidt u.a. 2007a,b) verzichtet sowie der selten angewendeten Schätzungen nach Rother 1971, die regelhaft deutlich zu niedrig ausfallen (vgl. z.B. Schmidt u.a. 2007a,b).

werte der Langknochenmasse publiziert sind.[22] Diese Stichprobe umfasst - ohne die Referenzserien des späten 19. und frühen 20. Jahrhunderts - 138 Populationen mit insgesamt 14.730 auswertbaren Individuen (8.086 ♂, 6.644 ♀).[23] Die Sammlung erhebt keinen Anspruch auf Vollständigkeit, dürfte aber alle wesentlichen größeren Serien umfassen. Die Tatsache, dass einige Epochen nur schwach belegt sind, hat zum Teil taphonomische Gründe, geht aber vor allem auf das Verhalten der prähistorischen Menschen zurück. Über lange Zeiten hinweg dominiert die Sitte der Brandbestattung, die hier ausgeklammert bleibt, und für manche Zeiten scheinen neben den von uns erfassten Körperbestattungen auch andere Sitten zu bestehen, die sich dem archäologischen Zugriff weitgehend entziehen, etwa in manchen Räumen des Jungneolithikums oder im 5. Jahrhundert n. Chr.[24] Dabei muss manchmal offen bleiben, ob die wenigen Körperbestattungen, die wir archäologisch und anthropologisch fassen, wirklich repräsentativ sind; so scheinen etwa im frühen Mittelalter auf birituellen sächsischen Gräberfeldern eher die reicheren Individuen als Brandbestattung niedergelegt worden zu sein, die ärmeren als Körpergräber.[25] Inwieweit dadurch denkbare Verzerrung in den Resultaten entstehen, lässt sich hier nicht prüfen.

Die Zusammenstellung zeigt aber auch Defizite der archäologischen und anthropologischen Praxis auf. Für das Mittelalter und insbesondere die Neuzeit mangelt es letztlich nicht an Gelegenheiten, Körpergräber zu untersuchen. Dennoch sind wenige Serien publiziert, und zu diesen weitaus häufiger die Metrik der Schädel als die des postkranialen Skeletts. Zudem ist gerade hier eine oft unnötig schlechte chronologische Differenzierung zu beklagen. Wir hoffen, dass unsere Untersuchung durch das Bereitstellen von Vergleichsinformationen motiviert, die Quellenlage durch eine verbesserte Publikationspraxis zu stärken.

---

22 Nachweise in Kap. 11.1. Einige Serien konnten der "Mainzer Datenbank" entnommen werden. Für deren Übermittlung danke ich W. Henke herzlich. Zu dieser Datensammlung: Perscheid 1974; Schwidetzky 1984.

23 Integriert ist die nützliche Zusammenstellung von K. Éry (1998) für Ungarn, wo jedoch statt der einzelnen Nekropolen die Populationsmittelwerte für die dort gebildeten Epochen verwendet wurden, da die Nachweise anderes nicht zulassen.

24 Zur Quellenlage im 5. Jahrhundert n. Chr. zusammenfassend: Siegmund 2000, 88-91.

25 Siegmann 2004.

3. Schätzmethoden

3.1 PEARSON 1899

Karl Pearson hatte in einem längeren Artikel 1899 als erster die damals neue Technik der Regression verwendet, um Körperhöhen zu schätzen. Sein Ausgangspunkt war die von Rollet 1888 erarbeitete Referenzpopulation aus Frankreich, die ihm und Manouvrier als Grundlage für erste Überlegungen dienten, die heute jedoch überholt sind.[26] Pearson legt seinen Formeln die Masse H1, R1, F1 und T1 zugrunde, und zwar jeweils den Knochen der rechten Körperseite.[27] Liegt die Messung von F2 statt F1 vor, solle man bei Männern 3,2 mm subtrahieren, bei Frauen 3,3 mm. Liegen Messungen für T1a vor, möge man bei Männern 9,6 mm und bei Frauen 8,7 mm subtrahieren.[28] Zudem gibt er Korrekturen für Knochen der linken Körperseite an: für beide Geschlechter solle man beim Humerus der linken Seite 4,5 mm hinzuaddieren, beim Radius der linken Seite 2,5 mm, und Femur und Tibia unverändert lassen.[29]

In seiner Übersicht hat Rösing vermerkt, dass Pearson die Leichenlänge schätze und angebe, dass davon für die Schätzung der Lebendhöhe 1,2 cm abzuziehen seien.[30] In der Originalarbeit findet sich in der Tat ein solcher Hinweis, und zwar da, wo Pearson sein System entwickelt und herleitet.[31] An der abschließenden Stelle jedoch, an der Pearson seine schlussendlichen Formeln vorstellt, findet sich diese Subtraktion nicht mehr, vielmehr heißt es dort klar *„formulae for living stature from dry long bones"*;[32] auch seine unmittelbar anschließenden Erläuterungen, die durchaus wichtig und detailliert sind, führen diese Korrektur nicht mehr auf. Die These, dass Pearson diese Subtraktion bei

---

26 Rollet 1888; Manouvrier 1892. Das Schätzen nach Manouvrier findet sich - samt der Tabellen - noch erläutert bei Martin / Saller 1957, 591 f., wurde aber zu dieser Zeit bereits kaum noch praktiziert.

27 Pearson 1899, 182 und 196 f. - Zu den Meßstrecken vgl. auch unten Kap. 4.2.

28 Pearson 1899, 196 f.

29 Pearson 1899, 197. - Meßstrecken und Formeln nach Pearson 1899 auch bei Martin / Saller 1957, 594 f.

30 Rösing 1988, 597.

31 Pearson 1899, 187, wo er eine Subtraktion von 1,26 cm für Männer und 2,0 cm für Frauen empfiehlt.

32 Pearson 1899, 196.

den finalen Formeln nicht mehr vorsah, lässt sich erhärten, wenn man Pearsons eigene Rechnungen nachvollzieht; eine Übereinstimmung mit seinen eigenen Ergebnissen ergibt sich nur dann, wenn man diese Subtraktion nicht vornimmt.[33]

Pearson stellte pro Geschlecht insgesamt zehn Regressionsformeln vor und empfahl bei entsprechender Knochenerhaltung, pro Individuum nach all' diesen Gleichungen zu schätzen und daraus das arithmetische Mittel zu bilden. Auch wenn spätere Diskussion deutlich machen wollte,[34] dass dies nicht nötig oder sinnvoll sei, sollte man, wenn man „nach Pearson 1899" schätzt, seinem Weg authentisch folgen. Die Formeln von Pearson werden in der deutschsprachigen Literatur selten verwendet, möglicherweise auch deshalb, weil sie recht aufwendige Rechnungen erfordern, die in der Zeit vor dem PC langwierig und fehlerbehaftet gewesen sein dürften, während die von Breitinger und Bach bereitgestellten Tafeln bequemer sind. Wie vergleichende Untersuchungen zeigen, sind die Schätzungen nach Pearson jedoch recht exakt, sie neigen zu einer leichten Unterschätzung der Körperhöhe.[35]

3.2 BREITINGER 1938 UND BACH 1965

In kritischer Diskussion der älteren Ansätze - insbesondere Manouvrier (1892) und Pearson (1899) - hat Emil Breitinger eigene Regressionsformeln für die Berechnung der Körperhöhe männlicher Individuen vorgeschlagen. Als Referenzpopulation dienten ihm Lebendmessungen an deutschen Sportlern, seine Stichprobe darf als groß gelten. Breitingers Formeln werden gerade in der deutschsprachigen Literatur bis heute viel verwendet. In seinem Text spricht er in der Regel von Humerus, Radius, Femur und Tibia, und setzt diese Benennungen auch in seine Regressionsgleichung ein.[36] In seiner Zusammenfassung wird deutlich, dass er am Humerus das Maß H2 nach Martin 1928 meint - auf

---

33 Pearson 1899, 208 ff. gibt eine lange Serie von Populationen und Individuen an mit den Daten und seinen Ergebnissen. Diese wurden nachgerechnet und überprüft und passen nur dann exakt, wenn man auf die fragliche Substraktion verzichtet.

34 z.B. Trotter / Gleser 1952, 487 f.

35 Formicola 1993; Schmidt u.a. 2007a. Dabei muss zunächst offen bleiben, wie die irrig vorgenommene oder nicht vorgenommene Subtraktion nach Rösing 1988 diese Tendenz zur Unterschätzung beeinflusst.

36 Breitinger 1938, 266.

den er sich jedoch nicht bezieht -, und am Radius das Maß R1b,[37] am Femur das Maß F1 und an der Tibia das Maß T1b.[38] Für den Fall, dass H1 statt H2 zur Verfügung steht, sei H1 jeweils um 6,6 mm zu vermindern, da dies die an einer größeren Stichprobe ermittelte übliche Differenz sei.[39] In seiner statt der Regressionsgleichungen viel benutzten Tabelle gibt er jedoch auch die Zahlen für H1 an.[40] Im praktischen Vorgehen ähnelt sein Weg dem Ansatz von Pearson: es werden bei entsprechender Erhaltung Schätzungen für alle vier Langknochen berechnet und aus diesen das arithmetische Mittel gebildet.

Die Schätzformeln von Breitinger waren an Männern erarbeitet worden. Daher hat Herbert Bach 1965 auf vergleichbarer sachlicher wie methodischer Grundlage, nämlich eine große Zahl von Lebendmessungen an Sportlerinnen aus der DDR, Schätzformeln für Frauen entwickelt.[41] Hier wurden sogleich alternativ Formeln für H1 oder H2 vorgeschlagen, ansonsten setzt er die gleichen Messstrecken an wie Breitinger. Die Schätzungen von Breitinger und Bach gelten für beide Körperseiten, ggf. sind die Messstrecken der rechten und linken Körperseite zu mitteln.

Die Schätzungen nach Breitinger und Bach gelten in der modernen Literatur als relativ ungenau. Bei Männern gelten sie als brauchbar, doch weniger genau als Pearson, und sie führen zu einer leichten Überschätzung der Körperhöhe. Bei Frauen gelten sie als ziemlich ungenau, und insgesamt scheinen sie den Geschlechtsdimorphismus zu betonen.[42]

3.3 TELKKÄ 1950

Auf der Grundlage von 154 Anatomieskeletten - mazeriert und trocken - aus Helsinki hat Antti Telkkä 1950 eigene Schätzformeln vorgeschlagen. Er benutzt nach den Definitionen von Martin die Messstrecken H1, R2, U2, F1, T1 und Fib1. Telkkä empfiehlt Schätzungen für die einzelnen Knochen mit anschließender Mittelwertbildung statt

---

37 Siehe dazu die Klarstellung bei Bach H. 1965, 20 Anm. 3.

38 Martin 1928 Bd. 2, 1010 ff. - Vgl. die bei Bach H. (1965, 19) wiederholte Tabelle Breitingers.

39 Breitinger 1938, 265. Nach Bach H. (1965, 16 f.) liegt diese Differenz bei 5 mm. - Nach Breitinger 1938, 271 liegt die übliche Differenz zwischen F1 (größer) und F2 (kleiner) bei 3 mm, auch diesen Betrag nutzt er gelegentlich zur Korrektur.

40 Breitinger 1938, 272. - Tabelle auch abgedruckt bei Martin / Saller 1957, 594.

41 Bach H. 1965.

42 Formicola 1993; Schmidt u.a. 2007a.

multipler Regressionen, da bei letzteren der Schätzfehler nicht geringer sei. Seine Gleichungen schätzen die Leichenlänge, zur Ermittlung der Lebendhöhe seien 2 cm abzuziehen. Wie Breitinger und Bach geht Telkkä von gemittelten Massen beider Körperseiten aus. Kritisch an seinen Formeln wurde das hohe Durchschnittsalter seiner Referenzserie angemerkt sowie insbesondere der Umstand, dass den 115 Männern nur 39 Frauen gegenüberstanden.[43]

3.4 TROTTER UND GLESER 1952 / 1977

Mildred Trotter und Goldine Gleser hatten 1952 sich in einer sehr gründlichen Studie mit dem Thema der Körperhöhenschätzung beschäftigt. Hintergrund war das Streben nach einer Verbesserung der Körperhöhenschätzung an Langknochen als Hilfsmittel zur Identifikation zunächst anonymer Kriegsgefallener. Ihre Studie beruht auf zwei große Referenzserien mit jeweils bekannter Lebendhöhe (Kriegsgefallene) oder Leichenlänge (*Terry Collection*).

Aufgrund ihrer Aufgabenstellung sowie der Situation in den USA in den frühen 1950er Jahren differenzierten Trotter und Gleser innerhalb ihrer Individuen von Beginn an nicht nur zwischen Männern und Frauen, sondern stets auch in die Gruppen *American White* und *American Negro* - ohne diese Klassifikation weiter zu hinterfragen.[44] In ihrer viel benutzen Studie von 1958 verwenden sie darüber hinaus die Gruppen *Mongoloid*, *Mexican* und *Puertorican*, wiederum ohne nähere Erläuterung und wohl den damaligen Gepflogenheiten der US-Armee bei der Rekrutierung folgend.[45] Solche Klassifikationen von Individuen zu biologischen Gruppen sind inzwischen ein strittiges und viel diskutiertes Thema auch in den USA. Dort neigen heute viele Wissenschaftler zur Verwendung des Begriffspaares *race* und *ancestry*, wobei *race* für die frei gewählte Selbstzuordnung der Individuen zu einer Gruppe steht und *ancestry* sich auf die Zuordnung über Eltern und Großeltern bezieht.[46]

---

43 Rösing 1988, insbes. 593.

44 Siehe Trotter / Gleser 1952, 467.

45 Siehe Trotter / Gleser 1958, 80-82.

46 Für den Stand der heutigen Diskussion lese man beispielsweise die Artikel im Heft 139 (2009) der Zeitschrift *American Journal of Physical Anthropology*, das dem Thema „*Race reconciled: How biologial anthropologists view human variation*" gewidmet war (Caspari 2009; Relethford 2009; Long u.a. 2009;

Diese aus europäischer Sicht wiederum eigenartige Begrifflichkeit soll hier nicht diskutiert werden.[47] Wichtig hier ist nur die Tatsache, dass trotz eines inzwischen gewachsenen Problembewusstseins in der anthropologischen Fachliteratur bei Körperhöhenschätzungen die Begriffe ‚*American White*‘ und ‚*American Negro*‘ weiterhin und in der Regel ohne längere Diskussion verwendet werden. Schon hier sei vermerkt, dass wiederum die weit überwiegende Mehrheit europäischer Anthropologen, die die Formeln von Trotter / Gleser 1952 anwenden, ohne jede Diskussion - offenbar ‚selbstverständlich‘ - auf die Formeln für ‚*American White*‘ zurückgreifen. Wir werden später sehen, dass die davon abweichenden Formeln ‚*American Negro*‘ für prähistorische Knochen aus Mitteleuropa oft gute, meist sogar richtigere Resultate liefern. Hier bleibt nur der Hinweis, dass wir im Folgenden die in den USA üblichen Begriffe ‚*American White*‘ und ‚*American Negro*‘ verwenden (müssen) - in Kenntnis ihrer Problematik.

Die erste Serie von Trotter und Gleser umfasste eine Stichprobe von 1'200 amerikanischen Kriegsgefallenen aus dem 2. Weltkrieg mit vorwiegend frühadulten und adulten Toten und einer Dominanz von Männern der Gruppe ‚*American White*‘. Als zweite Serie zogen sie die sogenannte ‚*Terry Collection*‘ heran, die ein etwas ausgewogeneres Verhältnis der Geschlechter sowie zwischen ‚*American White*‘ (255 ♂, 63 ♀) und ‚*American Negro*‘ (360 ♂, 177 ♀) bietet, die vorwiegend in höheren Lebensaltern verstorben waren. Die Individuen der ‚*Terry Collection*‘ (Anatomieleichen) starben meist in der ersten Hälfte des 20. Jahrhunderts und stammen vorwiegend aus der Gegend von St. Louis.[48] Gemeinsam ergänzen sich diese Serien günstig. In sorgfältiger Diskussion werden aus den Beobachtungen Regressionsgleichungen abgeleitet, und zwar geschlechtsdifferenziert für die Gruppe ‚*American White*‘ und ‚*American Negro*‘. Für Tote über 30 Jahre sollte nach der rohen Schätzung eine Alterskorrektur vorgenommen werden, worauf später genauer

Hunley u.a. 2009; Gravlee 2009; Edgar 2009; Ousley u.a. 2009), oder die ähnliche Diskussion zwischen drei Autorengruppen im Heft 105 (2003) der Zeitschrift *American Anthropologist* unter der Dachüberschrift „*Exchange across Difference: The Status of the Race Concept*“ (Lieberman u.a. 2003; Cartmill / Brown 2003; Kaszycka / Strziko 2003). Als aktuelles Handbuchwissen in den USA siehe z.B. Relethford 2005, 132-137.

47 Das dort mit ‚*race*‘ Gemeinte bezeichnet man in Europa heute üblicherweise als ‚*ethnicity*‘ / Ethnizität (Barth 1969; Hackstein 1989), und das dort mit dem Begriff ‚*ancestry*‘ Bezeichnete würde man genauer in die theoretischen Konzepte Rasse und Population (z.B. Herrmann u.a. 1990, 345 f.) differenzieren. Zur Diskussion in der Archäologie: Siegmund 2009.

48 Zu dieser vielbenutzen Sammlung ausführlich: Hunt / Albanese 2005. Vgl. Porter 2002, 21 f.

eingegangen werden wird (Kap. 4.1). Die Messdaten beider Körperseiten werden gemittelt, d.h. die resultierenden Formeln machen keinen Unterschied zwischen rechter und linker Körperseite.[49] Trotter und Gleser messen H1, R1, U1, F2 („*femur*") und zusätzlich F1 („*femur$_m$*"), sowie T1b („*tibia$_m$*") und Fib1.[50] Das andere von ihnen ermittelte Maß an der Tibia („*ordinary length*") hat keine exakte Entsprechung in den in Europa üblicherweise verwendeten Messstreckendefinitionen von Martin und Saller.

Zu den Regressionsformeln diskutieren Trotter und Gleser den Standardschätzfehler und den Korrelationskoeffizienten und kommen zu der These, dass optimal über Femur und Tibia geschätzt wird, ersatzweise über den Femur oder die Tibia allein. Die weiteren Knochen (Humerus, Radius, Ulna, Fibula), für die sie ebenfalls Regressionsgleichungen vorlegen, sollten nur bei Fehlen von Femur und Tibia verwendet werden. Das parallele Schätzen aus möglichst allen Langknochenmassen samt Mittelwertbildung, wie Pearson, Breitinger und Bach oder Telkkä es empfohlen hatten, lehnen sie ab, da dann gegenüber dem optimalen Paar Femur und Tibia bzw. dem Femur allein höhere Standardfehler und geringere Korrelationskoeffizienten zu beobachten seien. Ihre Formeln beziehen sich auf die Schätzung der Lebendgröße aus trockenen Langknochen.[51]

Nach Erarbeitung ihrer eigenen Schätzformeln vergleichen sie ihr Resultat mit den älteren Vorschlägen. Danach führen Manouvrier, Pearson und Telkkä für weiße Amerikaner zu zu niedrigen Schätzungen, die hier nicht diskutierte Formel von Dupertius und Hadden zu einer deutlich zu hohen Schätzung; die von ihnen ermittelten Abweichungen zu den üblichen Formeln (ohne Dupertius und Hadden) liegen bei etwa ± 3 cm.[52]

---

49 Nach ihren Messungen liegt die Seitendifferenz in der Regel bei einem halben Millimeter oder darunter, bei Radius, Ulna und Femur bei 1 - 3 mm (Trotter / Gleser 1952, 476 Tab. 4).

50 Trotter / Gleser 1952, 472 f. - Hinsichtlich der Tibia ist das Geschriebene eine Vereinfachung, die so nicht exakt zutrifft, aber kaum wirklich gut gefasst werden kann. Vgl. dazu Jantz u.a. 1994. Offenbar wurde die Tibia von M. Trotter unkonventionell gemessen (ähnlich Martin T2 ?), und für die Stichprobe aus dem 2. Weltkrieg (Trotter / Gleser 1952) anders als für die Stichprobe zum Koreakrieg (Trotter / Gleser 1958). Die daraus resultierende Unsicherheit betrifft alle Individuen, deren Größe mangels geeigneterer Langknochen wesentlich über die Tibia geschätzt werden.

51 Ihre abschließend resultierenden Formeln finden sich p. 495 Tab. 13 und sind für den Radius ‚*Negro - female*' zu korrigieren nach Trotter / Gleser 1977, 355. Die bei Rösing 1988 publizierten Formeln decken sich weder mit diesen Zahlen exakt, noch konsistent mit an anderer Stelle von Trotter und Gleser publizierten Formeln.

52 Trotter / Gleser 1952, 507 Tab. 16. - Nach Ousley 1995 sind die Schätzungen mit den Formeln von Trotter / Gleser 1952 bei forensischer Anwendung auf moderne Tote einigermassen richtig, doch die mittleren Schätzfehler realiter deutlich größer als bei Trotter / Gleser

Für die Schätzungen der Serie ‚*American Negro*‘ haben Trotter und Gleser 1977 eine Korrektur jener 1952 veröffentlichten Schätzformel vorgeschlagen, die über die Radiuslänge schätzt.[53] Diese Korrektur betrifft nur die Radien der Frauen.

3.5 TROTTER UND GLESER 1958

Aus vergleichbarem Anlass - die exaktere Identifikation von zunächst unbekannten Kriegstoten - haben sich Trotter und Gleser einige Jahre später erneut mit dem Thema beschäftigt.[54] Dieses Mal lagen ihnen sehr umfangreiche Serien von Toten mit bekannten Lebendhöhen vor, die aus dem Koreakrieg (1950-53) stammten. Da nun neben ‚*White*‘ (n = 4'672) und ‚*Negro*‘ (n = 577) auch Gefallene anderer Herkunft zur Verfügung standen, diskutieren sie zusätzlich die Gruppen ‚*Mongoloid*‘ (n = 92), ‚*Mexican*‘ (n = 112) und ‚*Puertorican*‘ (n = 64),[55] wobei ihre Überlegungen und Tabellen sich nun ausschließlich mit männlichen Toten beschäftigen. Die höhere Grundgesamtheit ist Anlass, nun auch Schätzformeln getrennt für rechte und für linke Langknochen anzugeben.[56] Der Satz der Langknochenmasse wird gegenüber der Studie von 1952 ein wenig reduziert, erhoben sind nunmehr H1, R1, U1, F1, T1b und Fib1.[57] Anders als in den 1952 betrachteten Serien zeichnet sich in den Serien des Koreakriegs ein Alterseffekt noch in der frühen Adultas ab: die Männer durchliefen mehrheitlich zwischen 17 und 23 mit abnehmender Intensität noch ein gewisses Wachstum. Daher werden für Erwachsene bereinigte Formeln zur Schätzung der maximal erreichten Lebendhöhe angegeben, die nur auf jenen Toten beruhen, die 21 Jahre oder älter waren. Diese Formeln werden hier im weiteren verwendet,[58] ergänzend werden herangezogen die daraus durch Mittlung abgeleiteten Formeln, die für die Langknochen ohne Berücksichtigung der Frage rechte Körperseite / linke Körperseite publiziert wurden.[59] Im Vergleich zu ihrer Studie von

---

1952 angegeben.

53 Trotter / Gleser 1977.

54 Trotter / Gleser 1958. Vgl. Jantz u.a. 1994; Porter 2002, 21 f.

55 Trotter / Gleser 1958, 81 Tab. 1.

56 Totter / Gleser 1958, 84 f. Tab. 3.

57 Trotter / Gleser 1958, 80. - Rösing 1988 liest T1 statt T1b.

58 Trotter / Gleser 1958, 106 Tab. 8.

59 Trotter / Gleser 1958, 120 Tab. 12.

1952 halten Trotter und Gleser ihre neuen Formeln wegen der erheblich größeren Referenzpopulation für exakter.

Die Studie 1958 enthält neben den reinen Schätzformeln zahlreiche weitere wertvolle Informationen und Anleitungen. Zunächst werden die fünf Modellpopulationen - ‚White‘, ‚Negro‘, ‚Mongoloid‘, ‚Mexican‘, ‚Puertorican‘ - und ihre Formeln miteinander verglichen, d.h. alle Formeln auf alle Populationen angewendet. Der Unterschied der resultierenden Körperhöhe schwankt, er liegt bei der Anwendung von Formeln auf die falsche Population bei etwa 3 cm. Sodann werden die Langknochen priorisiert. Die Schätzungen sind nicht gleichwertig, da einige Langknochen enger mit der Körperhöhe korrelieren als andere. Aus dem Standardschätzfehler der Regressionsrechnungen wird eine spezifische Rangfolge von besser zu schlechter geeignet abgeleitet, nach denen die Formeln anzuwenden seien.[60] Trotter und Gleser empfehlen je nach Überlieferung folgende Sequenz: 1. Femur und Fibula, 2. Femur und Tibia, 3. bis 5. als Einzelknochen für ‚American White‘ Fibula, Femur, Tibia, für ‚American Negro‘ Femur, Tibia, Fibula, und dann 6. Humerus und Radius, 7. Humerus und Ulna, 8. Humerus, 9. Radius und 10. Ulna. Trotter und Gleser lehnen multiple Regressionsgleichungen ab, da sie gemäß der Standardschätzfehler nicht genauer seien als die Einzelknochen; für die o.g. Knochenpaare verwenden sie addierte Längen, nicht multiple Regressionen. Nach einleuchtender Argumentation empfehlen sie pro Individuum Schätzungen nach einer dieser Formeln; Schätzungen für mehrere Knochen über mehrere Formeln mit anschließender Bildung des Mittelwertes würden das Ergebnis weder verbessern noch den Schätzfehler mindern.

---

60 Trotter / Gleser 1958, 119 ff, Tab. 12.

3.6 TROTTER 1970

In der amerikanischen forensischen Literatur finden sich gelegentlich Hinweise auf „Trotter 1970".[61] Dort wurde ein etwas vereinfachter Satz von Formeln publiziert, der für *American White* und *American Negro* auf Trotter / Gleser 1952 beruht und für männliche Asiaten und Mexikaner auf Trotter / Gleser 1958 zurückgreift.[62] Es ist richtiger, die Originalarbeiten zu benutzen und zu zitieren.

3.7 OLIVIER U.A. 1978

Olivier u.a. 1978 haben aufgrund von Messungen an rezenten Franzosen Formeln publiziert, die laut Rösing (1988) zu guten Schätzungen führen.[63] Realiter handelt es sich um eine Fülle von Regressionsgleichungen, deren Handhabung in der Originalarbeit nicht weiter kommentiert wurde: sind die Formeln für die Einzelknochen zu bevorzugen, um dann - wie bei Pearson - aus den einzelnen Werten einen Mittelwert zu bilden, oder sind im Falle des Vorhandenseins mehrerer Knochen die komplexeren Regressionsgleichungen anzuwenden? Trotz ihrer Fülle decken die Gleichungen für das Vorhandensein mehrerer Knochen nicht alle möglichen - nicht einmal alle häufigen - Kombinationen ab. Für männliche Skelette geben Olivier u.a. unterschiedliche Formeln für die rechte und die linke Körperseite an, für weibliche Skelette nur Formeln für die linke Seite. Wie ist vorzugehen, wenn von Frauen nur Knochen der rechten Seite vorliegen? Für den wichtigen Femur setzen sie statt des üblichen Maßes F1 das seltener ermittelte Maß F2 ein; die übrigen Masse sind H1, R1b, U1, T1b und Fib1. All' dies lädt dazu ein, Entscheidungen so oder auch anders zu treffen, sodass bei einem Vorgehen nach Olivier u.a. 1978 unterschiedliche Anwender vermutlich zu unterschiedlichen Ergebnissen kommen. Daher sollte im Falle einer Verwendung dieser Formeln exakt dokumentiert werden, welche Varianten verfolgt wurden.

Im Sinne eines möglichst exakten Nachvollzugs des Konzepts der jeweiligen Autoren übernehmen wir die Formeln wie publiziert. In der Originalarbeit ist allen Formeln

---

61 Auf diese Formeln greift ebenfalls zurück: Herrmann u.a. 1990, 92 f. Tab. 3.2.3.1a-b.

62 Trotter 1970, 77 Tab. 28. - An diesen Zahlen und Formeln orientieren sich auch Herrmann u.a. 1990, sie entsprechen der Gruppe *White* bei Trotter / Gleser 1952, 495 Tab. 13.

63 Rösing 1988, 596 f. - Vgl. Potter 2002, 21.

ihr Standardschätzfehler zugeordnet. Wir gehen davon aus, dass Olivier u.a. wie Trotter / Gleser anstelle einer Mittelwertbildung über alle möglichen Schätzungen eine Schätzung nach der bestmöglichen Formel vorsahen. Daher erfolgt hier eine solche Schätzung, und zwar nach der bei Olivier u.a. nahe gelegten Hierarchie: bei entsprechender Knochenerhaltung lieber eine Schätzung über die multiplen Gleichungen für mehrere Knochen, ansonsten Schätzungen über Einzelknochen. Wir ordnen die Formeln nach dem Standardfehler, d.h. im Falle einer Wahl wird jene Gleichung angewendet, die zum kleinsten Schätzfehler führt. Sofern im Datensatz nicht vorliegend, wird das Maß F2 als F1 minus 4 mm gebildet (dazu Kap. 4.2.4).

Für Männer fehlen Regressionen für den nicht seltenen Fall, dass nur undifferenzierte Daten für beide Körperseiten gemeinsam vorliegen. Dazu haben wir, ähnlich wie Rösing,[64] die Regressionsgleichungen für linke und rechte Knochen gemittelt und benutzen diese Formeln, wenn die bessere, körperseitenspezifische Lösung nicht möglich ist.

Für Frauen wurden für die Einzelknochen nur die Formeln für die linke Körperseite publiziert. Wenn solche spezifischen Messungen nicht vorliegen, nehmen wir diese Daten auch für eine nach Körperseiten undifferenzierte Schätzung.

Nach Rösing liegen die Ergebnisse der Schätzungen nach Olivier u.a. 1978 günstig zwischen vermutlich unterschätzenden und vermutlich überschätzenden Gleichungen. Die vergleichende Diskussion verschiedenster Schätzungen bei Schmidt u.a. (2007a) bestätigt dies, hier liegen die Ergebnisse nach Olivier u.a. 1978 stets nahe bei den optimalen Schätzern und weisen eine sehr geringe Verzerrung nach Geschlecht auf.[65]

In den Berechnungen von Olivier u.a. 1978 und bei einigen späteren Autoren wird die Frage der Körperseite betont, denn Unterschiede zwischen der Länge eines rechten und linken Langknochens sind üblich. Wie eine umfassende Studie auf breiter Materialbasis von Auerbach und Ruff, in der auch viele ältere Ergebnisse zusammengestellt sind, zeigt, ist der systematische Unterschied jedoch gering.[66] Bei den unteren Extremitäten, also Femur und Tibia, die besonders zur Körperhöhe beitragen, liegt der systematische Unterschied nahe Null; beim Arm beträgt er am Humerus etwa 1,5 % und am Radius

---

64 Rösing 1988, 596.

65 Schmidt u.a. 2007a, 54ff. mit Abb. 4-9.

66 Auerbach / Ruff 2006, mit einer umfassenden Übersicht zu älteren Studien p. 214-216.

etwa 0,5 %.[67] Setzt man dies modellhaft in Körperhöhenschätzungen um, ergeben sich beim Extremfall einer additiven Verlängerung von Humerus und Radius in diesem Verhältnis Unterschiede in der geschätzten Körperhöhe von etwa ± 5 - 6 mm.[68]

3.8 Sjøvold 1990

Torstein Sjøvold publizierte 1990 Regressionsformeln zur Körperhöhenschätzung, die in mehrfacher Hinsicht ungewöhnlich sind.[69] Statt der üblichen Verfahren der linearen Regression zur Entwicklung von Schätzformeln wandte er ein modifiziertes statistisches Verfahren an („gewichtete organische Korrelation"), das er für robuster hält. Jenseits einer statistischen Optimierung wollte er damit inhaltlich Gleichungen gewinnen, die für alle menschlichen Populationen gelten und die ohne eine Differenzierung auf Frauen wie Männer angewendet werden können. Während seit Pearson 1899 stets viele Individuen einer konkreten Referenzpopulation als Ausgangspunkt der Berechnungen dienten, ermittelte Sjøvold seine Gleichungen als Literaturarbeit aus allen diskutierten Referenzpopulationen und glich deren Langknochenmittelwerte gegen deren übliche Körperhöhenschätzungen resp. die angegebenen Mittelwerte ab. Anschließend stellte er anhand einer Testpopulation dar, dass sich daraus - zumindest für Männer - recht genaue Schätzungen ergaben.

Es werden Regressionsformeln für die Strecken H1, R1, R1b, U1, F1, F2, T1, T1b und Fib1 angegeben, keine multiplen Gleichungen. Weitere Hinweise zur Anwendung seiner Formeln gibt die Arbeit nicht. Bis auf die Tibia geben alle Messstrecken nach der Tabelle von Sjøvold eine hohe Korrelation zur Körperhöhe und sie weisen sehr ähnliche Standardschätzfehler auf, weshalb es schwer würde, daraus eine vertretbare Hierarchie von Einschätzungen abzuleiten. Folglich vermute ich, gestützt auf sein Vorgehen an der Testpopulation aus Japan,[70] dass eine Umsetzung ähnlich wie Pearson 1899 intendiert ist: Errechnen aller möglichen Einzelschätzungen mit anschließender Bildung des arithmetischen Mittels. Die Formeln nach Sjøvold wurden in der Fachliteratur bisher

---

67 Auerbach / Ruff 2006, 206 Tab. 3 und 209 Tab. 5.

68 Bei einer Schätzung nach Pearson 1899 an Toten üblicher Grösse. Die Seitigkeit ist jedoch oft nicht additiv, also beide Knochen länger, sondern häufig alternativ, d.h. zu einem beispielsweise rechts etwas längeren Humerus gehört ein rechts etwas kürzerer Radius.

69 Sjøvold 1990.

70 Sjøvold 1990, 445.

selten angewendet, sie sind auch in der vergleichenden Studie von Schmidt u.a. 2007a nicht benutzt worden.[71]

3.9 FELDESMAN U.A. 1990

In einem gründlichen Aufsatz von 1990 greift eine Forschergruppe um Marc Feldesman ältere Überlegungen auf, anstelle der üblichen, aus Regressionsrechnungen hervorgehenden Schätzungen das Problem der Körperhöhenschätzung über einen einfacheren Ansatz zu lösen versuchen.[72] In einer jüngeren Forschungssynthese zum Thema der Körperhöhenschätzungen hat Sjøvold diesen Ansatz als eine der wesentlichen Neuerungen der Ära nach den Aufsätzen von Trotter und Gleser in den 1950er Jahren bezeichnet.[73] Feldesman vertieft ältere Beobachtungen, nach denen sich überregional und diachron ein recht stabiles Verhältnis zwischen Körperhöhe und Länge des Femurs abzeichnet. Eine eigene Vorstudie auf quantitativ kleinerer Basis ersetzend, hat er 1990 als Literaturstudie eine weltweite Stichprobe von 51 Populationen zusammengestellt, die mehr als 13000 Individuen umfassen.[74] An ihnen lässt sich eine ‚*femur / stature ratio*' FSR ermitteln, nach denen der Femur einen Anteil von 26,74 % (±0,5 % *1-sigma*) an der Körperhöhe hat, wobei dieser Anteil offenbar für beide Geschlechter gleich ist[75] und nur eine geringe Standardabweichung zwischen den Populationen aufweist. Angewendet auf eine Stichprobe der (unpublizierten) Individualdaten von Trotter und Gleser 1952 führe dieses Verhältnis zu Schätzungen, deren mittlerer Fehler kleiner sei als bei Schätzungen nach den Formeln von Trotter und Gleser 1952.[76] Anschließend wendet Feldesman die Formeln auf sehr alte Populationen und Individuen an, für die wir über keine zuverlässigen Referenzserien verfügen, an denen man spezifische Schätzformeln entwickeln könnte. In einer späteren Studie zeigt Feldesman dann auf, dass gegen seine ersten Thesen die „rassespezifischen" Unterschiede in diesem Verhältnis nicht klein sind,

---

71 Schmidt u.a. 2007a, insbes. 56 f. Abb. 4 - 9.

72 Feldesman u.a. 1990.

73 Sjøvold 2005.

74 Feldesman u.a. 1990, 362 Tab. 1.

75 Feldesman u.a. 1990, 363 Tab. 3.

76 Feldesman u.a. 1990, 363 ff., insbes. Abb. 1 und Tab. 4.

18

vielmehr statistisch signifikant unterschiedlich sind.[77]

3.10 Formicola und Franceschi 1996

Nachdem Vincenzo Formicola zunächst eine vergleichende Untersuchung der üblichen Schätzformeln publiziert hatte,[78] legte er zusammen mit Marcello Francheschi wenig später neue Formeln vor, deren Ziel genauere Schätzungen für mitteleuropäische Populationen des Jungpaläolithikums, Mesolithikums und frühen Neolithikums sind. Sie basieren auf 60 sehr vollständig erhaltenen neolithischen Skeletten (33♂, 27♀) aus Mitteleuropa, deren Körperhöhe zunächst mit der Fully-Methode geschätzt wurde, noch ohne die später vorgeschlagenen Modifizierungen.[79] Für die Ableitung der Regressionsgleichungen verwendeten sie neben der üblichen Methode (*„model I"*, *least-squares-regression*) ein modifiziertes Regressionsverfahren (*„model II"*, *major-axis-regression*, auch: RMA-Regression, *„reduced major axis regression"*).[80] Beim zweiten Modell schlossen sie zuvor die extrem großen und die extrem kleinen Individuen aus der Ermittlung der Schätzfunktion aus, um später die Wirkung gerade für diese extremen Individuen vergleichen zu können. Ihres Erachtens sind die Berechnungen nach dem Modell II exakter als nach dem Modell I.[81] Da das Modell I jedoch unter Zugrundelegung aller Individuen einschließlich der Extremen ermittelt wurde, muss offen blieben, ob die Überlegenheit ihrer *major-axis*-Formeln auf der höheren Brauchbarkeit dieses Verfahrens beruht, oder auf dem zuvor

---

77 Feldesman / Fountain 1996.

78 Formicola 1993.

79 Raxter u.a. 2006; 2007. Danach unterschätzt die Fully-Methode ohne die vorgeschlagenen Modifikationen die Körperhöhe im Mittel um 2,4 cm, was bei der Interpretation der Formeln nach Formicola / Franceschi 1996 zu berücksichtigen ist. - Eine vergleichende Betrachtung der im Detail unterschiedlichen Berechnungen „nach Fully" zeigt, dass deren Unterschiede bei unter 1 cm liegen (Maijanen 2009).

80 Verfahren eingeführt bei: Kermack / Haldane 1950; vgl. heute Sokal / Rohlf 1995. Gelegentlich auch GMR *„geometric mean regression"* genannt. Gut erläutert auch bei: http:// www.palass.org /modules.php?name=palaeo_math&page=7 [besucht am 26. 9. 2009]. - Da im vorliegenden Fall die Richtung der angestrebten Schätzungen eindeutig ist und nie umgekehrt wird, sind die LSQ-Regressionen das aus theoretischer Sicht geeignetere Verfahren. In diesem Sinne sprechen sich auch Auerbach / Ruff (2009) für die klassische Regressionstechnik und gegen die RMA-Technik aus.

81 Formicola / Franceschi 1996, Tab. 4-5. Vgl. dagegen Giannecchini / Moggi-Cecchi 2008, 288 mit Tab. 2.

vorgenommenen Ausschluss der Extreme.

Die publizierten Schätzformeln erwarten wiederum das Arbeiten mit dem am besten geeigneten Knochenpaar bzw. Knochen, eine klare Hierarchie wird angegeben.[82] Im Vergleich ihrer neuen Vorschläge mit den üblichen Formeln wird deutlich, dass die Ergebnisse nahe denen von Trotter / Gleser 1952 ‚*Negro*‘ und Olivier u.a. 1978 ausfallen, und auch von Pearson 1899 nicht weit entfernt sind, während Trotter / Gleser 1952 ‚*White*‘ und Breitinger 1938 sehr abweichende Resultate erbringen. Da die Autoren selbst von ihren beiden Vorschlägen die Formeln nach dem Modell II für besser geeignet halten, werden hier nur diese verwendet. Ihre später publizierte eigene Anwendung auf einen deutlich größeren Datensatz vergleichbarer Zeitstellung unterstreicht das bereits beobachtete Verhältnis zu den beiden Formeln von Trotter / Gleser 1952.[83]

3.11 RAXTER U.A. 2008

Eine Forschungsgruppe um Michelle Raxter hat neue Schätzformeln für alt-ägyptische Populationen vorgeschlagen.[84] Um den immer wieder als problematisch geltenden Bezug auf moderne Referenzserien zu vermeiden, hatten sie zuvor eine Verbesserung für die Schätzung der anatomischen Körperhöhe (‚Fully-Methode‘) entwickelt.[85] Auf dieser Grundlage wurden insgesamt 63 männliche und 37 weibliche Individuen aus Ägypten vorwiegend aus dem 3. Jahrtausend v. Chr. in ihrer anatomischen Körperhöhe bestimmt und daran neue Regressionsformeln entwickelt, die recht geringe Schätzfehler aufweisen. Als Maße verwenden sie alternativ F1 oder F2 und T1a oder T1b, sowie H1 und R1.[86] Wegen der biologischen Nähe dürften diese Formeln für weitere alt-ägyptische Serien optimal sein. Da die Körperproportion ihrer alt-ägyptischen Serie jedoch denen der „*US Blacks*“ nahe kommen,[87] und diese wiederum häufiger gut mit prähistorisch - europäi-

---

82 Formicola / Franceschi 1996, Tab. 3. Reihenfolge: F2 + T1, F1, T1, R1, H1.

83 Formicola / Giannecchini 1999, 322 Tab. 2.

84 Raxter u.a. 2008.

85 Raxter u.a. 2006; Raxter u.a. 2007. Vgl. dazu die Originalarbeiten: Fully 1956; Fully / Pineau 1960.

86 Bei Raxter u.a. 2008, 150 Tab. 2 findet sich in der 8. Gleichung für die Männer ein Druckfehler hinsichtlich der Messstrecken. Richtig ist: Femur-b und Tibia-l, also F2 und T1b (persönl. Mitt. M. Raxter vom 10. 7. 2008).

87 Raxter u.a. 2008, 150 ff. mit Fig. 4-5 und Tab. 4-6.

schem Material harmonieren, könnte man die neuen Formeln versuchsweise auch auf mitteleuropäische Populationen anwenden.

In ihrem Artikel geben Raxter u.a. keine Anleitung zur Umsetzung ihrer Formeln, d.h. zur Frage, ob - wie bei Pearson - nach allen Regressionsgleichungen geschätzt werden soll samt anschließender Mittelwertbildung, oder ob gemäß dem Vorgehen von Trotter und Gleser nach der einen optimalen Formel geschätzt werden soll. Da sie in ihrem Text das Thema Standardschätzfehler betonen, gehe ich davon aus, dass ein Vorgehen gemäß Trotter und Gleser vorgesehen ist, und die jeweils optimale Formel in der durch den minimal möglichen Standardschätzfehler vorgegeben Hierarchie auszuwählen ist.[88]

3.12 VERCELLOTTI U.A. 2009

Auf der Grundlage von 60 gut erhaltenen Individuen (40 ♂, 20 ♀) vom Gräberfeld Giecz in Polen aus dem 11.-12. Jahrhundert n. Chr., deren Körperhöhe nach der anatomischen Methode (‚Fully-Methode') ermittelt wurde, hat eine Forschungsgruppe um Giuseppe Vercellotti neue Schätzformeln für die Körperhöhe anhand von Langknochen vorgelegt. Sie beruhen auf Regressionsrechnungen. Dabei wurde die anatomische Körperhöhe nach den Modifikationen von Raxter u.a. (2006; 2007) geschätzt. Die neuen Formeln sind - zumindest angewendet auf ihre Referenzpopulation - genauer als die üblicherweise angewendeten Formeln,[89] wobei die Ergebnisse ohne Alterskorrektur genauer sind als jene mit Alterskorrektur.[90] Es wurden Formeln publiziert für Männer, Frauen und ohne Geschlechtsdifferenzierung; letztere führen im Vergleich mit den geschlechtsspezifischen Formeln nur zu wenig ungenaueren Schätzungen.[91] Die Autoren empfehlen nach ihren Ergebnissen auf Alterskorrekturen zu verzichten, die geschlechts-

---

88 Versuchsweise wurde auch die Technik von Pearson angewendet, d.h. ein Mittelwert aus allen möglichen Schätzungen pro Individuum gebildet. Die dann resultierenden Populationsmittelwerte für unsere Gräberfelder sind nahezu identisch mit dem Ergebnis des Ansatzes „eine optimale Formel", die Standardabweichung fällt jedoch regelhaft erheblich geringer aus. Das mehrfache Schätzen samt Mitteln führt demnach zur Vermeidung von einzelnen extremen Schätzungen.

89 Vercellotti u.a. 2009, Tab. 6.

90 Vercellotti u.a. 2009, Tab. 5.

91 Vercellotti u.a. 2009, Tab. 5-6.

spezifischen Formeln zu bevorzugen, und geben eine klare Hierarchie jener Langknochen bzw. Langknochenkombinationen an, die - je nach Skelettüberlieferung - zu bevorzugen sind, d.h. die Berechnungen erfolgen über eine Regression am bestgeeigneten Knochen (bzw. Knochenpaar), nicht über die Mittlung mehrerer Regressionen.[92]

3.13 MAIJANEN UND NISKANEN 2009

Mit sehr ähnlichem Ansatz wie Vercellotti u.a. 2009 haben Heli Maijanen und Markku Niskanen neue Schätzformeln für mittelalterliche Skandinavier vorgestellt. Ihre Basis sind 60 gut erhaltene Skelette (28 ♂, 32 ♀) aus dem mittelalterlichen Gräberfeld von Westerhus in Mittelschweden, das 1960 von Geijvall publiziert worden war. An diesen Skeletten wurde die anatomische Körperhöhe nach der von Raxter u.a. (2006; 2007) modifizierten ‚Fully-Methode' bestimmt. Daraus werden Schätzformeln abgeleitet, wiederum für Männer, Frauen und ohne Geschlechtsdifferenzierung. Anstelle mehrfacher Schätzungen über viele Knochen und anschließender Mittlung wird wiederum anhand der Korrelation und dem Schätzfehler in klarer Hierarchie angegeben, auf welche Knochen bevorzugt zurückzugreifen ist.[93] Als methodische Neuerung werden zusätzlich zu den üblichen Regressionsrechnungen zur Ermittlung der Schätzformeln - einer sog. LSQ-Regression - ein anderes Verfahren angewendet, die sog. RMA-Regression (*„reduced major axis regression"*).[94] Obwohl dieses Verfahren aus statistischer Sicht für den vorliegenden Fall weniger gut geeignet ist, leiten die Autoren aus dem Vergleich der beiden resultierenden unterschiedlichen Formelsätze ab, dass die Formeln auf Basis der RMA-Regression zu geringeren Fehlern führen. Eine weitere Anwendung und ein Vergleich der Ergebnisse mit anderen Formeln steht aus. Trotz statistischer Bedenken gegen die Herleitung über eine RMA-Regression werden hier im Sinne der Autoren diese Formeln verwendet.[95]

---

92 Vercellotti u.a. 2009, Tab. 4. Daraus ergibt sich für beide Geschlechter als optimale Reihenfolge in absteigender Qualität: F2 & T1, F2, F1, T1, H1, H1 & R1, R1.

93 Aus Maijanen / Niskanen 2009 Tab. 3-5 ergibt sich für beide Geschlechter als optimale Reihenfolge in absteigender Qualität: F2 & T1, F1 & T1, F2, F1, Fib1, T1, U1, R1 und H1.

94 vgl. oben Anm. Kap. 3.10.

95 Maijanen / Niskanen 2009, Tab. 3-4.

3.14 Zwischenbilanz zu den Schätzformeln

Eine Zusammenschau lässt erkennen (Tab. 1), dass die Mehrheit der traditionell verwendeten Formeln auf Referenzpopulationen beruht, die im späten 19. Jahrhundert und in der ersten Hälfte des 20. Jahrhunderts lebten. Lediglich die Lyoner Serie, die für Rollet 1888 verwendet wurde, liegt zumindest mehrheitlich mit ihren Geburtsjahren noch vor der Industriellen Revolution.[96] Die seit Mitte der 1990er Jahre entwickelten Schätzformeln lösen sich von diesen modernen Referenzserien und wählen prähistorische Populationen als Grundlage, deren tatsächliche Körperhöhe nicht schriftlich dokumentiert ist, sondern über die als sehr exakt geltende ‚Fully-Methode‘ aus dem überlieferten Knochenmaterial berechnet ist. Der Preis für diesen Gewinn an größerer Nähe zu prähistorischen Populationen liegt in dem dann oft geringen Umfang dieser Serien.

Seit Pearson 1899 wurden fast alle Schätzformeln aus Regressionsrechnungen oder nahe verwandten Verfahren abgeleitet. Seit den Arbeiten von Trotter und Gleser in den 1950er Jahren sind die Formeln mehrheitlich dazu übergegangen, nicht mehr gleichwertig alle verfügbaren Langknochen für die Schätzungen zu berücksichtigen, sondern in einer qualitativen Hierarchie den jeweils am Besten geeigneten Langknochen resp. das Langknochenpaar Femur und Tibia zur Grundlage zu machen. Im Falle der Verwendung mehrerer Knochen werden teils multiple Regressionsformeln als zu bevorzugen empfohlen, teils die Schätzungen für einzelne Knochen abschließend gemittelt.

---

96 In diesem Sinne auch die Empfehlung von Herrmann u.a. 1990, 92 f. für die Verwendung von Schätzungen nach Pearson 1899.

Autor(en)	Alter der Referenzpopulation	Schätzmethode	welche Langknochen
Pearson 1899	Mitte 19. Jh.	Regression	alle vorhandenen
Breitinger 1938 Bach 1965	spätes 19. / 20. Jh.	Regression	alle vorhandenen
Telkkä 1950	spätes 19. / 20. Jh.	Regression	alle vorhandenen
Trotter / Gleser 1952	spätes 19. / 20. Jh.	Regression	optimaler verfügbarer
Trotter / Gleser 1958	spätes 19. / 20. Jh.	Regression	optimaler verfügbarer
Olivier u.a. 1978	spätes 19. / 20. Jh.	Regression	optimaler verfügbarer
Sjøvold 1990	Metastudie, diverse Referenzserien	Regression sim.	alle vorhandenen
Feldesman u.a. 1990	spätes 19. / 20. Jh.	Proportionen	nur Femur
Formicola / Franceschi 1996	Neolithiker, Fully-Methode	Regression sim.	optimaler verfügbarer
Raxter u.a. 2008	Alt-Ägypter, Fully-Methode	Regression	optimaler verfügbarer
Vercellotti u.a. 2009	Mittelalter, Polen, Fully-Methode	Regression	optimaler verfügbarer
Maijanen / Niskanen 2009	Mittelalter, Schweden, Fully-Methode	Regression	optimaler verfügbarer

Tab. 1: Übersicht über einige Grundlagen der hier vorgestellten Schätzmethoden. Als „Regression sim." sind jene Verfahren eingetragen, die Verfahren ähnlichen der klassischen Regressionsrechnung nutzen.

Für die weitere Diskussion sei in Bezug auf die Sekundärliteratur die These gewagt, dass wohl allein das Studium der Primärquellen verlässlich ist. Offenbar sind Details von Bedeutung und nicht alle Sekundärquellen so zuverlässig, wie sie sein sollten. Zudem ist eine Neigung zu beobachten, die von den Autoren ursprünglich empfohlenen Wege zu modifizieren, sodass man die Frage stellen muss, ob dann noch von „Körperhöhe nach ..." gesprochen werden kann. Für das Folgende möchten wir daran festhalten, die Empfehlungen der Originalarbeiten so getreu als möglich umzusetzen.

	Männer	*Frauen*
Pearson 1899	# unterschätzt um knapp 1 cm - gut, leicht unterschätzend * gut geeignet, δ ca. 2 cm + gut geeignet, Tendenz zur Unter-schätzung	# unterschätzt um gut 1 cm - gut, leicht unterschätzend * gut geeignet, δ ca. 2 cm + gut geeignet, Tendenz zur Unter-schätzung
Breitinger 1938 & Bach 1965	# unterschätzt um ca. 1 cm - wenig geeignet, betont Geschlechtsdimorphismus * brauchbar, δ ca. 3 cm + ungeeignet	- wenig geeignet, betont Geschlechtsdimorphismus * unbefriedigend, δ > 5 cm + ungeeignet
Telkkä 1950	# unterschätzt um ca. 1,5 cm + H1 und F1 ideal, T1 vor allem bei Männern überschätzend	# unterschätzt um ca. 1,5 cm + gut geeignet
Trotter & Gleser 1952 *"White"*	* brauchbar, δ ca. 3-4 cm + weniger geeignet	* unbefriedigend, δ > 3 cm + weniger geeignet
Trotter & Gleser 1952 *"Negro"*	- gut, leicht überschätzend * gut geeignet, δ ca. 2 cm[97] + gut geeignet, bei T1 überschät-zend	- gut, leicht überschätzend * gut geeignet, δ ca. 2 cm + gut geeignet, bei T1 überschät-zend
Olivier u.a. 1978	- gut, liefert mittlere Schätzungen * gut geeignet, δ z.T. unter 2 cm[98] + brauchbar	- gut, liefert mittlere Schätzungen * unbefriedigend, δ > 3 cm + brauchbar

Tab. 2: Übersicht zur bisherigen Bewertung der wichtigsten Schätzformeln in der Literatur. Legende: Bewertung durch # Trotter / Gleser 1952; - Rösing 1988; * Formicola 1993, insbes. 254 Tab. 1; + Schmidt u.a. 2007a. - δ: Differenz, Größe des Schätzfehlers.

97 Formicola 1993, 354: Tendenziell werden Männer unter 159 cm überschätzt und Männer über 174 cm unterschätzt.

98 Formicola 1993, 354: Die Tendenz zur Unterschätzung großer Männer (vgl. Pearson und Trotter / Gleser 'Negro') gilt hier nur für sehr große Männer.

Die bisherige Diskussion der Formeln lässt erkennen (Tab. 2), dass offenbar die im deutschsprachigen Raum am häufigsten verwendeten Formeln nach Breitinger und Bach zugleich die Formeln sind, die international ungebräuchlich sind und die mehrheitlich als nicht so gut geeignet klassifiziert werden. Die beiden sehr gründlichen und in der englischsprachigen Literatur dominierenden Arbeiten von Trotter und Gleser 1952 und 1958 unterscheiden einander, und sowohl 1952 wie 1958 werden Formeln für unterschiedliche Populationen angeboten. Die kurze Notiz einer „Körperhöhenschätzung nach Trotter und Gleser" ist weitgehend wertlos, denn nur mit der Angabe des konkreten Publikationsjahres und der dort verwendeten Referenzserie wird deutlich, was gerechnet wurde. Gerade zwischen ihren Formeln für die Populationen ‚*American White*' und ‚*American Negro*' ergeben sich bei Anwendung auf gleiche Knochen erhebliche Unterschiede im Ergebnis der Schätzung, die je nach vorhandenen Knochen gerne 3 bis 8 cm in der Körperhöhe ausmacht.[99] Für unsere Zwecke können wir an dieser Stelle eine Vereinfachung vornehmen: Trotter / Gleser 1958 bieten auf einer quantitativ deutlich größeren Grundlage für die uns interessierenden Gruppen ‚*American White*' und ‚*American Negro*' unter modernen Nordamerikanern recht ähnliche Ergebnisse wie 1952. Während wir 1952 jedoch Formeln für Männer und Frauen finden, ist die methodisch sehr interessante Studie von 1958 quellenbedingt auf Männer reduziert. Da für unsere Zwecke adäquate Formeln für Frauen unumgänglich sind und man um eine in sich konsistente Argumentation bemüht sein sollte, fokussiert der folgende Text auf die Schätzungen nach Trotter und Gleser 1952; dabei wird die 1977 publizierte kleine Korrektur berücksichtigt,[100] und stets explizit zwischen den Formeln für ‚*American White*' und ‚*American Negro*' unterschieden.

---

99 Trotter / Gleser 1958, Tab. 10.

100 Dabei halten wir uns streng an die dort empfohlene Hierarchie der Schätzformeln (p. 495 Tab. 13), verzichten jedoch gemäß Trotter / Gleser 1958 auf die drei letzten, mit multiplen Regressionen schätzenden Gleichungen.

4. Praktische Umsetzung

Um die Eigenschaften der verschiedenen Schätzmodelle besser zu verstehen, werden sie im Folgenden parallel zueinander auf jene zwölf spätrömischen und frühmittelalterlichen Populationen aus Mitteleuropa angewendet, für die Individualdaten zu den Langknochen publiziert sind. Zur Vorbereitung eines solchen Vergleichs müssen jedoch noch einige Details der praktischen Umsetzung geklärt werden.

4.1 Korrektur nach Alter

Trotter und Gleser hatten nach umsichtiger Bereinigung ihrer Daten eine fortdauernde negative Korrelation zwischen Körperhöhe und Alter festgestellt, die all' ihre unterschiedlichen Referenzserien gleichermaßen betreffe.[101] Daraus wurde eine Korrektur abgeleitet, nach der von den rohen Schätzungen ab dem Alter von 30 Jahren abzuziehen sei: 0,06 cm *mal* (Alter *minus* 30). Dadurch werden die Schätzungen für ältere Tote jenseits der 30 etwas vermindert. Die unkorrigierte Schätzung ermittelt die - circa mit 30 Jahren - maximal erreichte Körperhöhe, auch Körperendhöhe genannt.[102]

Raxter u.a. haben diese Korrektur unlängst in ihre Neubetrachtung der ‚Fully-Methode' integriert; ihres Erachtens ist der Effekt grundsätzlich gegeben, die Formel von Trotter und Gleser führt jedoch zu etwas zu starken Korrekturen.[103] Im Ergebnis schlagen sie eine Modifikation der Berechnungen für die ‚Fully-Methode' vor samt niedrigerer Alterskorrektur; angewendet auf ihre Referenzserie ergeben ihre neuen Formeln für die ‚Fully-Methode' keine signifikante Über- oder Unterschätzung der Lebendhöhe mehr, verbunden mit einem generellen Schätzfehler von um 3 - 4 cm. Die Berücksichtigung einer Alterskorrektur erhöht die Genauigkeit.[104]

In einer Studie an einer großen prähistorischen Sammelserie konnte Ariane Kemkes-Grottenthaler aufzeigen, dass für die meisten Langknochen der Zusammenhang zwischen Lebensalter und Körperhöhe stärker ist als der aus Rezentbeobachtungen ableit-

---

101 Trotter / Gleser 1952, 480; 484.

102 Eine nach der Formulierung der Formel eigentlich naheliegende gegenteilige Korrektur für Jüngere findet nicht statt.

103 Raxter u.a. 2006.

104 Raxter u.a. 2007.

bare Altersschwund.[105] Sie deutet die größere Körperhöhe als generelles Zeichen höherer *„Fitness"*, die in der Regel auch mit einer höheren Lebenserwartung einhergehe. Wenn diese - letztlich sozialgeschichtliche - Deutung des Zusammenhangs zwischen Lebensalter und Körperhöhe zuträfe, könnte dies auch für die den Schätzformeln zugrunde liegenden Referenzserien gelten, was wiederum einen Einfluss auf die Ableitung der Korrekturformeln haben müsste.

In vielen Situationen mag die Alterskorrektur wichtig sein, z.B. in der Forensik bei der Identifikation unbekannter Toter, bei der Erarbeitung von Schätzformeln und beim Vergleich von im Befund gemessenen Skelettlängen mit Körperhöhenschätzungen. In der Archäologie sind sie m.E. in der Regel unnötig. Die üblichen Formeln schätzen ohne Alterskorrektur die maximal erreichte Lebendhöhe eines Individuums (sog. Lebendendhöhe), üblicherweise also den Zustand im Alter von ca. 20/23 - 30. Eine Alterskorrektur führt lediglich dazu, dass entsprechend dem danach erreichten Lebensalter für ein Individuum jenseits der 30 die dann noch gegebene Körperhöhe exakter angegeben wird. Angesichts der Diskussion um die Höhe der Korrektur sollte man in der Archäologie auf eine Korrektur verzichten und die ‚maximal erreichte Lebendhöhe' resp. ‚Lebendendhöhe' als den üblichen Vergleichsparameter benutzen.

4.2 AUSGLEICH DER UNTERSCHIEDLICHEN MESSSTRECKEN

Leider werden die Messwerte für Langknochen der Individuen nur selten publiziert, wenn dies geschieht, werden leider oft unterschiedliche Messstrecken dokumentiert (zu den Messstrecken siehe Taf. I - VI). Die oben skizzierten Formeln wiederum erwarten an den Langknochen z.T. unterschiedliche Messstrecken. Möchte man verschiedene Formeln auf die gleichen Individuen anwenden, müssen die publizierten Messungen ggf. angepasst werden. Auch wenn grundsätzlich von solchen Anpassungen abzuraten ist, sind sie für vergleichendes Arbeiten bisweilen unvermeidlich. Die folgenden kurzen Abschnitte diskutieren die Regeln für solche Anpassungen.

---

105 Kemkes-Grottenthaler 2005.

4.2.1 Humerus: H1 und H2 (Taf. I)

Am Oberarm wird in der Regel die ‚größte Länge des Humerus' gemessen (H1; ‚*maximum humerus length*').[106] Nur selten wird das Maß H2, ‚ganze Länge des Humerus' (‚*total length*') verwendet, z.B. bei Breitinger und Bach. Der Unterschied beider Strecken liegt bei mehreren Millimetern, er sollte ggf. justiert werden. H2 plus 5 mm führt annähernd zu H1.[107] In der Praxis würde, wenn man ohne Korrekturen irrig gemessene H2 für H1 einsetzt, die Schätzung der Körpergröße allein über den Humerus um etwa 1 - 1,2 cm zu tief ausfallen; beruht die Schätzung auf einem vollständigen Satz an Langknochen, liegt der Unterschied bei etwa 2 - 4 mm.[108] Daher ist eine Korrektur sinnvoll, ein unbeabsichtigter Fehler angesichts der üblichen Schätzfehler jedoch verschmerzbar.

H1 *minus* H2	Männer			Frauen		
	n	$\bar{x}$	sd	n	$\bar{x}$	sd
Stetten	20	4,8	1,7	9	4,4	0,9
Eichstetten	22	6,5	2,5	17	5,9	2,7
Munzingen	9	4,8	2,3	6	4,1	2,0
Neuburg	54	5,6	2,0	9	5,0	1,5
Linz	7	3,0	2,9	10	5,1	1,1

Tab. 3: Unterschiede zwischen den Messstrecken H1 und H2 am Humerus. Das gewichtete Mittel des Unterschieds beträgt bei Männern 5,4 mm, bei Frauen 5,1 mm.

4.2.2 Radius: R1, R1a, R1b und R2 (Taf. II)

Das übliche Maß für die Speiche ist R1 ‚größte Länge des Radius' (‚*maximum length radius*'). An seiner Stelle werden gelegentlich verwendet der ‚Capitulum-Tuberositas-Abstand' (R1a), die ‚parallele Länge' (R1b) und die ‚funktionelle Länge des Radius', auch

---

106 Martin 1914, 907; Martin 1928, 1010; Martin / Saller 1957, 532.

107 Nach Bach 1971 (Tab. 13 u. 18) liegt die Differenz für Männer bei 7,9 mm und für Frauen bei 3,6 mm liegt. In Stetten (s.u.) beträgt die Differenz im Mittel 4,55 mm (mit Std.abw. 1,3 bei n = 30), ohne signifikanten Unterschied zwischen den Geschlechtern.

108 Hier und im folgenden ermittelt auf der Basis der Gleichungen von Pearson 1899 und Olivier u.a. 1978.

‚physiologische Länge' (R2; *physiological length*) genannt.[109]

Der Unterschied von R1 zu R1b beträgt ca. 2 mm; R1b plus 2 mm führt annähernd zu R1.[110] Werden hier unkorrigiert fälschlich Messwerte verwechselt, liegt der Fehler bei einer Schätzung der Körperhöhe allein über den Radius je nach Formel und Geschlecht bei 0 bis 3 cm, beim vollständigen Satz an Langknochen bei bis zu 1 cm.[111] Daher ist ggf. eine Korrektur sinnvoll, unbeabsichtigte Fehler sind je nach Schätzformel relevant.

Telkkä 1950 setzt in seine Berechnung R2 statt R1 ein. Der Unterschied liegt ohne deutlichen Geschlechtseffekt bei etwa 13 mm; er ist bedeutend, das Einsetzen des falschen Maßes führt zu beträchtlichen Fehlern.

R1 *minus* R1b	Männer			Frauen		
	n	x̄	sd	n	x̄	sd
Mittelwert Rösing 1988 Tab. 81	431	1,9		347	1,9	
gew. Mittelwert der Daten Rösing 1988	431	2,3		347	2,0	
Munzingen	4	1,8	1,0	1	1,0	-
Stetten	20	2,8	1,4	13	2,5	1,0
Tomils	117	2,9	2,2	98	2,8	0,8

Tab. 4: Unterschiede zwischen den Messstrecken R1 und R1b am Radius. Das gewichtete Mittel des Unterschieds beträgt bei Männern 2,4 mm, bei Frauen 2,2 mm.

---

109 Martin 1914, 910; Martin 1928, 1014; Martin / Saller 1957, 535 f.

110 Rösing 1988, 595 Tab. 81. In den neolithischen Serien Mitteldeutschlands (Bach 1971, Tab. 13 u. 18) liegt der Unterschied bei den Populationsmittelwerten bei 0,9 mm (Männer) bzw. 1,4 mm (Frauen). In Tomils GR beträgt der Unterschied 3 mm (Chr. Papageogopoulou, persönl. Mitt.), in Stetten (s.u.) liegt er ohne Geschlechtsunterschied bei 2,47 mm (Std.abw. 0,97 mm bei n = 33).

111 Nach Pearson 1899 ergeben sich kaum Abweichungen für die Frauen, Fehler bis 6 mm für Männer; nach Olivier u.a. 1978 ergeben sich deutliche Fehler für Männer, geringe für Frauen.

R1 *minus* R2	Männer			Frauen		
	n	x̄	sd	n	x̄	sd
Munzingen	4	12,3	2,1	1	6,0	-
Stetten	23	14,0	2,8	15	12,5	3,3
Eichstetten	25	13,4	3,1	22	11,5	2,3
Westerhus	61	16,3	3,1	70	13,8	2,9

Tab. 5: Unterschiede zwischen den Messstrecken R1 und R2 am Radius. Das gewichtete Mittel des Unterschieds beträgt bei Männern 15,0 mm, bei Frauen 13,1 mm, bzw. 13,6 und 11,8 mm ohne Westerhus.

4.2.3 Ulna: U1 und U2 (Taf. III)

Die Elle wird für Körperhöhenschätzungen nur selten verwendet. Das übliche Maß ist die ‚größte Länge der Ulna' (U1; ‚*maximum length*'), selten wird statt dessen die ‚funktionelle / physiologische Länge der Ulna' gemessen (U2; ‚*physiological length*').[112]

Die Formeln von Telkkä 1950 setzen U2 statt U1 ein. Der Unterschied ist groß, d.h. es müsste eine Korrektur vorgenommen werden. Die Grundlagen dafür wären m.E. schwach, da nur für wenige Serien beide Zahlen veröffentlicht vorliegen und diese deutlich differieren, weshalb mir derzeit eine valide Korrekturempfehlung kaum möglich scheint. Da in der Regel nur das Maß U1 publiziert wird und eine rechnerische Überführung in U2 mit hohen Unsicherheiten behaftet wäre, schätzen wir die Körperhöhe nach Telkkä 1950 ohne Berücksichtigung der Ulna.

U1 *minus* U2	Männer			Frauen		
	n	x̄	sd	n	x̄	sd
Mannheim	51	26,9	10,1	47	25,2	11,6
Munzingen	4	21,0	15,0	4	28,6	6,3
Stetten	12	37,8	3,8	10	31,0	4,5
Westerhus	60	33,0	3,8	65	30,6	3,1

Tab. 6: Unterschiede zwischen den Messstrecken U1 und U2 an der Ulna. Das gewichtete Mittel des Unterschieds beträgt für Männer 30,6 mm, für Frauen 28,6 mm.

---

112 Martin 1914, 911 f.; Martin 1928, 1017 f.; Martin / Saller 1957, 539.

4.2.4 Femur: F1 und F2 (Taf. IV)

Für den Oberschenkel wird meist die ‚größte Länge des Femur' (auch: ‚Caput-Condylenlänge'; F1; *maximum femur length*) gemessen. Daneben wird die ‚ganze Länge des Femurs in natürlicher Stellung' (F2; *bicondylar femur, physiological length*) verwendet.[113] Der Unterschied beträgt für Männer ca. 3 mm, für Frauen etwa 4 mm (Tab. 7).[114]

F1 *minus* F2	Männer			Frauen		
	n	x̄	sd	n	x̄	sd
Mittelwert Rösing 1988 Tab. 81	2'960	3,2		1'738	4,0	
gew. Mittelwert der Daten Rösing 1988	2'960	3,2		1'738	4,0	
Mannheim-Vogelstang	80	4,4	2,73	89	5,4	2,57
Munzingen	6	3,1	2,46	12	5,2	2,43
Eichstetten	26	2,8	1,23	28	2,8	1,03
Kirchheim /Teck	12	4,3	2,90	10	4,4	2,17
Linz	9	5,1	1,14	11	3,1	1,83
Westerhus	61	3,2	2,89	73	4,3	2,14

Tab. 7: Unterschiede zwischen den Messstrecken F1 und F2 am Femur. Das gewichtete Mittel des Unterschieds beträgt bei Männern 3,2 mm, bei Frauen 4,5 mm.

4.2.5 Tibia: T1, T1a und T1b (Taf. V)

Am Schienbein werden je nach Schule unterschiedliche Messstrecken genommen. Oft wird die ‚ganze Länge der Tibia' (T1; auch: ‚Condylen-Malleolenlänge'; *condylo-malleolar length*, *lateral condyle-malleolar length*) bestimmt. Alternativ wird oft die ‚größte Länge der Tibia' verwendet (T1a, auch: ‚Spino-Malleolarlänge'; *spino-malleolar length*, *true maximum length of the tibia*). Ebenso wird die ‚Länge der Tibia' (T1b; auch: ‚Kondylen-Malleolenlänge'; *medial condyle-malleolar length*) angegeben. Selten verwendet wird die

---

113 Martin 1914, 922 f.; Martin 1928, 1037 f.; Martin / Saller 1957, 561 f.

114 Rösing 1988, 595 Tab. 81. - Pearson 1899 empfahl für Männer die Addition von 3,2 mm, für Frauen von 3,3 mm zu F2 auf F1. In den neolithischen Serien Mitteldeutschland (Bach 1971, Tab. 13 u. 18) ist der Unterschied auf Populationsniveau mit 3,9 mm bzw. 4,2 mm etwas größer und entspricht fast exakt dem Wert in der Rösingschen Tabelle.

‚Condylo-astragal-Länge der Tibia' (T2; *condylar-astragal length*).[115]

Pearson und Breitinger / Bach verwenden T1b statt T1 oder T1a. Laut Pearson beträgt der Unterschied zwischen T1b und T1a /T1 (?) 9,6 mm für Männer und 8,7 mm für Frauen an, dieser Betrag sei von T1 abzuziehen.[116] Die Frage, welches Maß Pearson als Gegenpart zu T1b meinte - T1 oder T1a -, lässt sich über Beobachtungen an anderen Serien erschließen. An den nachstehenden Tabellen wird deutlich, dass Pearson im Sinne der Definitionen nach Martin die Messstrecke T1b präferierte, und er als Alternative T1a sah, die ggf. um 9,6 bzw. 8,7 mm zu verringern sei. Weitere Werte zur ggf. nötigen Korrektur zwischen T1 und T1b bietet die Zusammenstellung von Rösing;[117] danach führt T1 minus 3 mm annähernd zu T1b.

T1 *minus* T1a	Männer			Frauen		
	n	x̄	sd	n	x̄	sd
Munzingen	4	-7,0	3,7	5	-5,0	2,5
Stetten	20	-7,5	2,6	22	-6,2	1,8
Westerhus	59	-8,2	3,3	72	-6,3	1,7
Linz	9	-5,9	5,3	8	-5,8	2,7

Tab. 8: Unterschiede zwischen den Messstrecken T1 und T1a an der Tibia. Das gewichtete Mittel des Unterschieds beträgt bei Männern 7,8 mm, bei Frauen 6,2 mm.

---

115 Martin 1914, 930; Martin 1928, 1048 f.; Martin / Saller 1957, 572.

116 Pearson 1899, 182 und 197.

117 Rösing 1988, 595 Tab. 81. - Bei Bach 1971 (Tab. 13 un d 18) liegen die Unterschiede im Mittel bei 6,5 mm (Männer 7,3 mm, Frauen 5,6 mm).

T1 *minus* T1b	Männer			Frauen		
	n	x̄	sd	n	x̄	sd
Mittelwert Rösing 1988 Tab. 81	721	2,4		618	2,5	
gew. Mittelwert der Daten Rösing 1988	721	3,0		618	3,2	
Munzingen	4	2,5	2,9	4	3,8	3,2
Stetten	20	3,1	3,8	22	2,8	2,1
Linz	9	4,0	3,1	8	4,2	1,6
Tomils	106	5,0	2,7	88	4,7	7,8

Tab. 9: Unterschiede zwischen den Messstrecken T1 und T1b an der Tibia. Das gewichtete Mittel des Unterschieds beträgt bei Männern 3,3 mm, bei Frauen 3,4 mm.

4.2.6 Fibula: Fib1 (Taf. VI)

Für das selten berücksichtigte Wadenbein wird allein das Maß ‚größte Länge‘ (Fi1 oder Fib1) verwendet.[118]

4.3 DER STATISTISCHE SCHÄTZFEHLER (*‚standard error of estimation‘*, SEE)

Das von Pearson für unsere Problematik eingeführte Verfahren der Regression führt zu Regressionsgleichungen, die zur Schätzung der Körperhöhe dienen, und zur Angabe eines mittleren Schätzfehlers, der eine Prognose der Schätzgenauigkeit zulässt. Wie Rösing zu Recht bemerkte,[119] sind die Angaben in der Originalarbeit von Pearson zu den Fehlern heute methodisch überholt. Seit Breitinger und Bach wird zu den Formeln der heute in der Statistik übliche Standardfehler angeben, bei den Formeln von Breitinger und Bach lag er für die unterschiedlichen Langknochen jeweils nahe bei ± 3 cm.[120] Rösing vermerkte, dass es vernünftig sei, diesen Schätzfehler mit 1,96 zu multiplizieren. Hintergrund ist die in der Statistik übliche Angabe des Bereichs ‚1 sigma‘, der dazu führt, dass bei Vorliegen einer Normalverteilung etwa zwei Drittel aller Fälle in der resultieren-

---

118 Martin 1914, 934; Martin 1928, 1052; Martin / Saller 1957, 576.

119 Rösing 1988, 594.

120 Bach 1965, 17.

den Spanne liegen (exakt: 68,27 % aller Fälle). Die von Rösing empfohlene Multiplikation führt zur Spanne von ‚2 sigma‘, innerhalb derer dann 95,45 % aller Fälle liegen, was die Sicherheit resp. Unsicherheit der Schätzungen deutlicher macht. Diesem Argument steht entgegen, dass die 1-sigma-Spanne (68,27 %) das in der Statistik übliche Maß ist, das allenthalben verwendet wird; daher sollte die von Rösing angeregte Multiplikation unterbleiben.

Eine Schätzung aus mehreren Knochen eines Individuums sollte exakter sein als diejenige aus einem Knochen, sodass der SEE bei mehreren Knochen geringer ausfallen könnte. Bach empfiehlt hierzu, den (gemittelten) Schätzfehler durch die Wurzel aus der Anzahl der Knochen zu dividieren,[121] Rösing lehnt dies ohne Begründung ab.[122] Statistisch gesehen wäre das Vorgehen nach Bach, das in der Regel zu einem erheblich verminderten SEE führt, an einem einzelnen Individuum richtig, wenn die einzelnen Langknochen voneinander unabhängig wären. Dies ist nicht der Fall, denn die Langknochenmaße an den Individuen sind voneinander abhängige Größen, wenn auch nicht vollständig. Daher ist die Ablehnung des Vorgehens von Bach durch Rösing tendenziell korrekt. Ein exaktes Vorgehen für eine gewisse, berechtigte Verkleinerung des SEE bei Vorliegen mehrerer Langknochen ließe sich nur dann entwickeln, wenn es Gewissheit über das Maß der Abhängigkeit bzw. Unabhängigkeit der einzelnen Größen gäbe.

Auch Trotter und Gleser gehen auf das Thema SEE ein; sie zeigen auf, dass die multiplen Regressionen nicht genauer sind als die Schätzungen aus Einzelknochen.[123] Sodann diskutieren Sie den von Anderen beschriebenen Weg, über möglichst alle Langknochen zu schätzen und daraus den Mittelwert samt reduziertem Standardfehler zu bilden.[124] An einer kleinen Serie veranschaulichen sie, dass gemittelte Mehrfachschätzungen nicht genauer sind als die Einzelschätzung am bestgeeigneten Knochen.[125] Dies erklären sie mit der Tatsache, dass die einzelnen Langknochen keinesfalls unabhängig voneinander sind; die Korrelationskoeffizienten der Knochenmasse untereinander liegen - bei leichten Unterschieden - zwischen 0,71 bis 0,96.[126] Daher lehnen Trotter und

---

121 Bach 1965, 17.

122 Rösing 1988, 495.

123 Trotter / Gleser 1958, 97 ff. mit 98 Tab. 7.

124 Trotter / Gleser 1958, 114 ff.

125 Trotter / Gleser 1958, 118.

126 Trotter / Gleser 1958, 87 Tab. 4.

Gleser die Verminderung des Schätzfehlers über denjenigen der jeweils einen verwendeten optimalen Formel hinaus ab.

Der von Rösing sowie Trotter / Gleser vertretene Standpunkt hinsichtlich des Schätzfehlers betrifft einzig die Schätzung für Individuen. Bei Schätzungen von Populationsmittelwerten, die Trotter und Gleser nicht diskutieren, gilt die These der statischen Unabhängigkeit der einzelnen Körperhöhen oder auch - mit leichten Einschränkungen - der einzelnen Langknochenmasse, die in die Mittelwertbildung einfließen. Insofern ist hier die u.a. von Breitinger und Bach empfohlene Division des Standardschätzfehlers durch ‚Wurzel n‘ legitim. Da die Standardschätzfehler über die einzelnen Knochen bei oft um 3 - 4 cm liegen (*1 sigma*), ergibt sich dann schon bei kleinen Populationen eine so starke Verminderung des Standardfehlers der Schätzung, dass er für das Weitere vernachlässigt werden kann, d.h. dort mit Mittelwert und Standardabweichung im üblichen Sinne operiert werden kann.

5. Vergleichende Anwendung der Schätzformeln auf ausgewählte Populationen mit publizierten Individualdaten

Im Folgenden soll durch die parallele Anwendung der verschiedenen Formeln Erfahrung und Anschauung gewonnen werden, wie sich die unterschiedlichen Ansätze in der Praxis auswirken.[127] Möglicherweise lassen sich darüber hinaus Kriterien finden, welche Ansätze für unsere Fragestellung mehr oder weniger geeignet sind. Dazu werden hier alle mitteleuropäischen Populationen spätrömischer und frühmittelalterlicher Zeitstellung herangezogen, für die die Maße der entsprechenden Knochen auf Individualniveau publiziert sind. Es stehen mit Augsburg - St. Ulrich und Afra, Neuburg an der Donau, Linz und Stettfeld vier spätantike Nekropolen zur Verfügung, die im Wesentlichen in das 4. Jahrhundert datieren und die durchweg auf eine militärisch geprägte Bevölkerung zurückgehen dürften, die bereits einen hohen Anteil an Germanen umfasste. Für die frühe Merowingerzeit (Mitte 5. bis Anfang 6. Jh.) bietet die Dissertation von Z. Obertová (2008) vier kleine Populationen, die zu einer zeitlich und räumlich konsistenten Sammelserie zusammengezogen werden. Für die Merowingerzeit (6. - 7. Jh.) stehen uns die Serien von Eichstetten, Mannheim-Vogelstang, Munzingen bei Freiburg, Oerlingen bei Zürich, Ried - Mühlehölzli im Kanton Fribourg (CH), Sontheim an der Brenz und Stetten an der Donau zur Verfügung. Zum Vergleich mit unseren spätrömisch - frühmittelalterlichen Serien und aus methodischen Gründen nehmen wir zusätzlich zwei moderne Serien in unsere Detaildiskussion mit auf: Basel-St. Johann aus dem frühen 19. Jahrhundert und die von Rollet 1888 vorgestellten Messungen an Lyoner Anatomieleichen.

Zusätzlich zu den Körperhöhenschätzungen nach den diskutierten Formeln weisen die nachfolgenden Tabellen eine ‚mittlere Schätzung' auf, die jeweils pro Individuum aus dem arithmetischen Mittel aller angewendeten Schätzmethoden gebildet wurde. Wir halten diesen Wert keinesfalls für wahrer als die Einzelschätzungen, gewinnen dadurch aber eine Anschauung, wie eine spezielle Schätzformel im Vergleich zu den übrigen wirkt. Zusätzlich wird als ‚kombinierte Schätzung' der Mittelwert den drei Schätzungen nach Pearson 1899, Trotter / Gleser 1952 *American White* und Trotter / Gleser 1952 *American Negro* aufgeführt; die Begründung für diese Auswahl erfolgt später.

---

127 Ein ähnliches Anliegen verfolgten in jüngerer Zeit: Reichelt u.a. 2003 (für fünf Individuen).

5.1 Spätantike Gräberfelder

5.1.1 Augsburg - St. Ulrich und Afra

An der Kirche St. Ulrich und Afra in Augsburg wurde ein spätrömisches Gräberfeld entdeckt und ergraben;[128] in und bei der Kirche kam es auch später zu Bestattungen. Die Publikation ordnet die Gräber zeitlich, hier werden nur die 139 spätrömischen und wahrscheinlich spätrömischen Gräber berücksichtigt, die vor allem ins 4. Jahrhundert n. Chr. datieren. Die anthropologische Bearbeitung von Gerfried Ziegelmayer weist Individualdaten zum postkranialen Skelett nach.[129]

Augsburg	Männer			Frauen		
	n	$\bar{x}$	sd	n	$\bar{x}$	sd
Pearson 1899	75	164,3	4,4	52	153,1	4,0
Breitinger und Bach	75	167,6	3,7	52	158,7	3,0
Telkkä 1950	75	166,2	4,3	52	153,7	3,6
Trotter / Gleser '52 ‚White'	75	168,4	5,3	52	156,8	5,4
Trotter / Gleser '52 ‚Negro'	75	164,3	4,7	52	153,9	4,9
Olivier u.a. 1978	75	165,0	5,5	52	155,8	5,2
Sjøvold 1990	75	165,9	6,1	52	155,8	5,7
Feldesman u.a. 1990	65	168,2	8,4	46	155,6	8,2
Formicola / Franceschi 1996	75	166,4	6,0	52	154,4	5,6
Raxter u.a. 2008	75	162,9	4,9	52	153,0	5,1
Vercellotti u.a. 2009	75	168,7	5,8	52	155,4	6,0
Maijanen / Niskanen 2009	75	165,6	7,2	52	155,2	6,2
gemittelte Schätzung	75	166,1	5,4	52	155,1	5,1
komb. Schätzung	75	165,7	4,8	52	154,6	4,7

Tab. 10: Vergleich der Körperhöhenschätzungen für das Gräberfeld von Augsburg - St. Ulrich und Afra.

---

128 Lage ca. 48°21'41"N, 10°54'01"E.

129 Ziegelmayer 1977.

38

5.1.2 Linz

Das spätrömische Körpergräberfeld in der Innenstadt von Linz nahe am Donau-ufer[130] wurde 1983-85 in Ausschnitten ergraben. Nach den Grabbeigaben gehören die Bestattungen im Wesentlichen der zweiten Hälfte des 4. Jahrhunderts an, die jüngsten Gräber stammen aus dem sehr frühen 5. Jahrhundert. Die anthropologische Bearbeitung durch Karin Wiltschke-Schrotta und Maria Teschler-Nicola erschließt 39 Individuen (18 ♂, 19 ♀), zu denen sie viele Masse publizieren;[131] die mittlere Lebenserwartung der Frauen und Männer lag bei jeweils etwa 41,1 Jahren.[132]

Linz /Donau	Männer			Frauen		
	n	$\bar{x}$	sd	n	$\bar{x}$	sd
Pearson 1899	15	163,1	4,8	11	153,9	4,5
Breitinger und Bach	15	166,5	4,0	11	159,6	3,3
Telkkä 1950	15	164,9	4,9	11	154,4	3,8
Trotter / Gleser '52 ‚White'	15	166,1	6,7	12	157,9	6,2
Trotter / Gleser '52 ‚Negro'	15	162,2	5,5	12	154,8	5,7
Olivier u.a. 1978	14	164,4	5,4	12	156,3	5,9
Sjøvold 1990	15	163,9	6,1	12	156,8	6,3
Feldesman u.a. 1990	10	166,0	10,7	11	157,1	9,7
Formicola / Franceschi 1996	15	164,9	6,3	11	155,7	6,8
Raxter u.a. 2008	15	163,2	5,3	11	154,8	6,1
Vercellotti u.a. 2009	15	167,3	6,5	11	156,7	7,5
Maijanen / Niskanen 2009	15	163,1	8,7	12	156,2	7,2
gemittelte Schätzung	15	164,5	5,7	12	156,1	5,8
komb. Schätzung	15	163,8	5,3	12	155,6	5,4

Tab. 11: Vergleich der Körperhöhenschätzungen für das Gräberfeld von Linz.

---

130 Lage ca. 48°18'20"N, 14°16'55"E.

131 Wiltschke-Schrotta / Teschler-Nicola 1991. - Die Listen enthalten alle nötigen Masse, so daß keine Ableitungen notwendig sind.

132 Errechnet nach Wiltschke-Schrotta / Teschler-Nicola 1991, 72 Tab. 5.

5.1.3 Neuburg an der Donau

Das spätrömische Körpergräberfeld von Neuburg an der Donau[133] gehört zu einem befestigten Ort am Limes, es wurde von ca. 330 - 400 n. Chr. genutzt. Es ist deutlich militärisch geprägt, hat einen erheblichen Männerüberschuss, und scheint auch germanische Bestattungen zu umfassen. Die 130 Bestattungen wurden von Gerfried Ziegelmayer anthropologisch untersucht, sein Beitrag führt auch individuelle Daten für das postkraniale Skelett auf.[134]

Neuburg /Donau	Männer			Frauen		
	n	$\bar{x}$	sd	n	$\bar{x}$	sd
Pearson 1899	65	166,0	5,0	18	155,2	4,5
Breitinger und Bach	65	169,2	4,2	18	159,5	2,5
Telkkä 1950	65	167,6	4,8	18	155,6	4,9
Trotter / Gleser '52 ‚White'	65	170,1	6,2	18	158,5	7,2
Trotter / Gleser '52 ‚Negro'	65	165,8	5,7	18	155,2	6,2
Olivier u.a. 1978	65	167,4	6,4	18	158,0	6,0
Sjøvold 1990	65	168,2	7,1	18	158,3	6,3
Feldesman u.a. 1990	55	170,4	9,9	17	156,6	9,5
Formicola / Franceschi 1996	65	168,3	6,7	18	156,1	7,2
Raxter u.a. 2008	65	164,0	6,2	18	154,3	6,2
Vercellotti u.a. 2009	65	170,4	6,7	18	157,1	7,8
Maijanen / Niskanen 2009	65	168,2	7,9	18	157,5	7,8
gemittelte Schätzung	65	167,9	6,2	18	156,9	6,2
komb. Schätzung	65	167,3	5,6	18	156,3	5,9

Tab. 12: Vergleich der Körperhöhenschätzungen für das Gräberfeld von Neuburg /Donau.

---

133 Lage ca. 48°44'08"N, 11°10'26"E.

134 Ziegelmayer 1979. Für einige Formeln mussten gemäss Kap. 4.2.4 die Masszahlen aus den vorhandenen Daten abgeleitet werden: R2 aus R1, F2 aus F1 und T1 aus T1b.

40

5.1.4 Stettfeld bei Bruchsal

Das römische Gräberfeld von Stettfeld nahe Karlsruhe-Bruchsal[135] umfasst 341 Brandgräber und 59 Körpergräber aus der Mitte des 2. Jahrhunderts n. Chr. bis zur Mitte des 3. Jahrhunderts n. Chr. Es ist der Bestattungsplatz eines nahe gelegenen Vicus.[136] Hier werden die von Joachim Wahl untersuchten Körpergräber benutzt.

Stettfeld	Männer			Frauen		
	n	$\bar{x}$	sd	n	$\bar{x}$	sd
Pearson 1899	15	166,8	4,4	4	154,3	4,8
Breitinger und Bach	15	170,1	3,6	4	159,2	3,9
Telkkä 1950	15	168,7	4,4	4	155,2	3,7
Trotter / Gleser '52 ‚White'	16	172,3	5,2	4	159,1	6,8
Trotter / Gleser '52 ‚Negro'	16	167,3	4,5	4	155,7	6,1
Olivier u.a. 1978	16	169,8	5,8	4	156,6	5,6
Sjøvold 1990	16	169,9	6,0	4	157,8	7,2
Feldesman u.a. 1990	13	172,7	7,6	4	157,7	8,6
Formicola / Franceschi 1996	15	168,0	5,9	4	156,0	6,3
Raxter u.a. 2008	16	166,8	5,4	4	154,9	6,2
Vercellotti u.a. 2009	15	171,5	6,3	4	157,2	7,3
Maijanen / Niskanen 2009	16	170,0	6,6	4	158,3	7,2
gemittelte Schätzung	17	169,0	5,8	4	156,8	6,1
komb. Schätzung	16	168,9	4,7	4	156,4	5,9

Tab. 13: Vergleich der Körperhöhenschätzungen für das Gräberfeld von Stettfeld bei Bruchsal.

5.2 SAMMELSERIE 5. JAHRHUNDERT IN SÜDWESTDEUTSCHLAND

Hemmingen - Horb - Pleidelsheim - Wyhl

Zuzana Obertová (2008) hat unlängst das kleine Gräberfeld von Horb-Altheim am

---

135 Lage ca. 49°11'02"N, 8°38'15"E.

136 Wahl & Kokabi 1988.

Neckar sorgfältig bearbeitet;[137] es datiert in die Zeit zwischen etwa 450 und 510 n. Chr. Da die Serie - wie die meisten Gräberfelder der frühen Merowingerzeit - mit 75 Gräbern klein ist und es an guten anthropologischen Vergleichsserien mangelte, hat sie drei zeitgleiche Gräberfelder aus Südwestdeutschland gleichermaßen erfasst und bearbeitet: Pleidelsheim (209 Gräber, davon wurden alle 61 Gräber der Zeit 450-530 n. Chr. ausgewählt), Hemmingen (57 Gräber, ca. 450-530 n. Chr.) und Wyhl (21 Gräber, ca. 425-530/50 n. Chr.). Es wurden keine hier relevanten gravierenden Unterschiede zwischen diesen vier Populationen beobachtet, weshalb wir sie als vier Gräberfeldpopulationen aus einem weitgehend geschlossenen Raum zu einer Sammelserien für die frühe Merowingerzeit zusammenfassen. Die Individualdaten sind ausnehmend umfassend erhoben und publiziert.

Hemmingen - Horb Pleidelsheim - Wyhl	Männer			Frauen		
	n	$\bar{x}$	sd	n	$\bar{x}$	sd
Pearson 1899	73	169,1	3,7	65	157,6	3,3
Breitinger und Bach	73	171,8	3,2	62	161,8	3,0
Telkkä 1950	73	170,9	3,5	62	157,7	2,7
Trotter / Gleser '52 ‚White'	73	173,6	4,6	65	162,3	4,8
Trotter / Gleser '52 ‚Negro'	73	168,8	4,1	65	158,7	4,0
Olivier u.a. 1978	73	171,2	4,7	62	160,1	3,9
Sjøvold 1990	73	172,4	5,2	65	162,2	4,7
Feldesman u.a. 1990	67	175,6	7,7	50	162,5	7,7
Formicola / Franceschi 1996	73	170,1	5,1	65	159,0	4,4
Raxter u.a. 2008	73	169,5	4,2	65	157,6	4,2
Vercellotti u.a. 2009	73	174,1	5,3	65	160,4	4,9
Maijanen / Niskanen 2009	73	172,4	6,4	65	161,3	5,3
gemittelte Schätzung	73	171,7	4,9	65	160,1	4,2
komb. Schätzung	73	170,5	4,0	65	159,5	4,0

Tab. 14: Vergleich der Körperhöhenschätzungen für die Sammelserie Hemmingen - Horb - Pleidelsheim - Wyhl.

---

137 Lage ca. 48°27' N, 8°41'E.

5.3 Gräberfelder der Merowingerzeit

5.3.1 Eichstetten

Das Gräberfeld von Eichstetten am Kaiserstuhl[138] - etwa 14 km nördlich von Freiburg gelegen - mit seinen ca. 281 Gräbern setzt um 500 n. Chr. ein und wird bis etwa 700 n. Chr. belegt.[139] Die anthropologische Bearbeitung erfolgte durch Barbara Hollack und Manfred Kunter, die wiederum recht viele Individualdaten u.a. für das postkraniale Skelett publiziert haben.[140] Die mittlere Lebenserwartung der Eichstettener Männer lag bei 50,8 Jahren, die der Frauen bei 48,3 Jahren.[141]

Eichstetten	Männer			Frauen		
	n	$\bar{x}$	sd	n	$\bar{x}$	sd
Pearson 1899	46	168,1	6,1	44	157,6	5,5
Breitinger und Bach	46	170,9	5,2	44	161,4	3,6
Telkkä 1950	46	170,2	6,1	43	157,9	5,1
Trotter / Gleser '52 ‚White'	46	173,1	7,6	44	162,8	7,4
Trotter / Gleser '52 ‚Negro'	46	168,4	6,8	44	158,9	6,3
Olivier u.a. 1978	46	171,4	7,5	44	161,9	7,0
Sjøvold 1990	46	171,3	8,6	44	162,4	7,7
Feldesman u.a. 1990	30	171,9	12,8	31	160,8	11,0
Formicola / Franceschi 1996	46	169,9	7,9	44	159,1	6,7
Raxter u.a. 2008	46	167,4	7,1	44	157,8	6,5
Vercellotti u.a. 2009	46	172,7	8,2	44	160,4	7,6
Maijanen / Niskanen 2009	46	171,7	9,7	44	161,5	8,2
gemittelte Schätzung	46	170,5	7,5	44	160,2	6,6
komb. Schätzung	46	169,9	6,8	44	159,8	6,3
Skelettlänge *in situ*	58	170,5	9,7	77	161,5	8,1

Tab. 15: Vergleich der Körperhöhenschätzungen für das Gräberfeld von Eichstetten.

---

138 Lage ca. 48°05'50"N, 7°44'39"E.

139 Hinsichtlich der Chronologie orientieren wir uns an Sasse 2001, insbes. 150 ff. Liste 3 ‚datierte Gräber'.

140 Hollack / Kunter 2001. - Das Maß T1b wurde nicht genommen und hier nach T1b = T1 minus 3 mm ermittelt; R1b wurde als R1 minus 2 mm errechnet.

141 Als e_{20} +20 nach den Zahlen bei Hollack / Kunter 2001, 446 Tab. 3-4.

5.3.2 Mannheim - Vogelstang

Die Menschenknochen des frühmittelalterlichen Gräberfeldes von Mannheim-Vogelstang[142] waren Thema der Dissertation von Friedrich W. Rösing, der in seinen Tabellen viele Individualdaten der Toten offen legte. Aus etwa 450 Gräbern wurden Reste von 584 Individuen geborgen.[143] Die Belegung des Gräberfeldes erfolgte im 6. und 7. Jahrhundert (SD 5 - 11);[144] die mittlere Lebenserwartung liegt für die Männer bei 47,9, für die Frauen bei 44,5 Jahren.[145]

Mannheim - Vogelstang	Männer			Frauen		
	n	$\bar{x}$	sd	n	$\bar{x}$	sd
Pearson 1899	128	167,2	4,9	131	157,5	4,3
Breitinger und Bach	128	170,1	4,2	131	161,2	3,7
Telkkä 1950	129	168,9	4,8	130	157,9	3,7
Trotter / Gleser '52 ‚White'	131	171,5	5,9	132	162,5	5,6
Trotter / Gleser '52 ‚Negro'	131	167,0	5,3	132	158,7	5,0
Olivier u.a. 1978	131	168,7	5,6	131	160,6	5,2
Sjøvold 1990	131	169,4	6,8	134	161,7	6,0
Feldesman u.a. 1990	85	173,5	8,9	94	163,0	8,8
Formicola / Franceschi 1996	126	168,6	6,2	132	158,9	5,5
Raxter u.a. 2008	128	166,0	5,8	133	157,7	5,2
Vercellotti u.a. 2009	126	171,5	6,2	132	160,4	5,9
Maijanen / Niskanen 2009130	130	169,2	7,8	133	160,8	6,5
gemittelte Schätzung	131	169,1	5,8	134	160,0	5,1
komb. Schätzung	129	166,7	5,3	135	159,6	4,9

Tab. 16: Vergleich der Körperhöhenschätzungen für das Gräberfeld von Mannheim - Vogelstang.

---

142 Lage ca. 49°30'21"N, 8°32'15"E.

143 Zum gegenüber Rösing 1975 erheblich aktualisierten archäologischen Forschungsstand: Koch 2007, 102-117 und 196 ff. Abb. 4 ff.

144 Die Datierung orientiert sich an Koch 2007, im Detail an den Plänen 198 ff. Abb. 5, 225 Abb. 1, 238 Abb. 21, 249 Abb. 40, 259 Abb. 62, 275 Abb. 88 und 290 Abb. 113.

145 Als e_{20} +20 nach den Tabellen bei Rösing 1975, Tab. 4-5.

5.3.3 Munzingen bei Freiburg

Von dem wohl deutlich größeren Gräberfeld bei Munzingen wurden 211 Gräber ergraben,[146] aus denen 233 frühmittelalterliche Individuen stammen; das Gräberfeld setzt im frühen 7. Jahrhundert n. Chr. ein und wird bis um 700 n. Chr. belegt. Die Toten wurden von Eva Burger-Heinrich sorgfältig anthropologisch untersucht und publiziert; auf Nachfrage stellte sie mir die nicht publizierten Individualdaten zur Verfügung.

Munzingen	Männer			Frauen		
	n	$\bar{x}$	sd	n	$\bar{x}$	sd
Pearson 1899	25	168,4	3,7	25	155,7	3,9
Breitinger und Bach	25	171,1	3,2	25	162,0	2,5
Telkkä 1950	27	170,0	4,1	25	156,0	3,7
Trotter / Gleser '52 ‚White'	28	172,7	4,8	26	159,8	5,1
Trotter / Gleser '52 ‚Negro'	28	168,7	3,9	26	157,1	4,2
Olivier u.a. 1978	28	170,7	4,7	26	158,7	5,1
Sjøvold 1990	29	172,4	5,8	26	160,3	5,5
Feldesman u.a. 1990	21	173,8	6,8	23	160,2	6,7
Formicola / Franceschi 1996	27	171,2	5,1	25	157,2	5,0
Raxter u.a. 2008	26	168,7	4,4	25	156,3	4,2
Vercellotti u.a. 2009	27	173,3	5,2	25	158,3	5,3
Maijanen / Niskanen 2009	29	171,4	6,9	26	158,8	5,3
gemittelte Schätzung	29	171,3	5,0	26	158,5	4,7
komb. Schätzung	28	170,0	3,9	26	157,7	4,5

Tab. 17: Vergleich der Körperhöhenschätzungen für das Gräberfeld von Munzingen.

---

146 Lage ca. 47°57'58"N, 7°42'36"E.

5.3.4 Oerlingen

Das Gräberfeld von Oerlingen bei Kleinandelfingen nahe Zürich wurde 1924-25 ergraben.[147] Die 54 Individuen wurden 1938, zusammen mit 10 weiteren zeitgleichen Individuen aus der nahen Umgebung, in der Dissertation von Ulrich Hauser bearbeitet und publiziert. Der archäologische Fundstoff wurde wesentlich später vorgelegt, danach handelt es sich um ein Gräberfeld des 7. Jahrhunderts.[148]

Oerlingen	Männer			Frauen		
	n	$\bar{x}$	sd	n	$\bar{x}$	sd
Pearson 1899	14	169,0	3,1	7	159,1	6,3
Breitinger und Bach	11	171,8	2,8	7	162,1	5,2
Telkkä 1950	14	171,3	2,9	7	159,7	4,1
Trotter / Gleser '52 ‚White'	14	174,8	3,8	7	166,5	10,3
Trotter / Gleser '52 ‚Negro'	14	169,3	3,4	7	161,2	7,5
Olivier u.a. 1978	13	172,4	3,8	7	161,5	6,7
Sjøvold 1990	14	172,5	4,1	7	164,7	9,1
Feldesman u.a. 1990	8	178,2	7,3	4	164,5	14,2
Formicola / Franceschi 1996	14	170,6	4,3	7	162,2	8,4
Raxter u.a. 2008	14	169,0	3,7	7	159,1	7,3
Vercellotti u.a. 2009	14	174,0	4,6	7	162,3	8,3
Maijanen / Niskanen 2009	14	173,3	5,5	7	166,2	10,5
gemittelte Schätzung	14	171,8	3,9	7	162,4	7,6
komb. Schätzung	14	171,0	3,3	7	162,3	7,9

Tab. 18: Vergleich der Körperhöhenschätzungen für das Gräberfeld von Oerlingen.

---

147 Lage ca. 47°37'29"N, 8°40'30"E.

148 Stebler-Cauzzo 1997.

46

5.3.5 Ried - Mühlehölzli

Das Gräberfeld von Ried - Mühlehölzli bei Karzers FR[149] umfasst neben wenigen, hier ausgeklammerten eisenzeitlichen Bestattungen 99 frühmittelalterliche Individuen; die Belegung setzt um 400 n. Chr. ein und endet gegen Ende des 6. Jahrhunderts.[150] Nach dem Bestattungs- und Beigabenritus gehören die Toten zur romanischen Population der Schweiz. Die anthropologische Bearbeitung und monografische Publikation erfolgte durch Bruno Kaufmann und Monika Schoch, sie enthält auch Individualmaße.

Ried - Mühlehölzli FR	Männer			Frauen		
	n	$\bar{x}$	sd	n	$\bar{x}$	sd
Pearson 1899	26	166,5	4,9	27	155,3	8,6
Breitinger und Bach	27	169,9	4,0	27	159,9	5,7
Telkkä 1950	25	168,9	4,2	27	156,1	8,1
Trotter / Gleser '52 ‚White'	26	171,4	5,8	27	159,7	11,1
Trotter / Gleser '52 ‚Negro'	26	167,1	5,6	27	156,2	9,9
Olivier u.a. 1978	26	168,1	5,9	26	162,6	5,5
Sjøvold 1990	27	169,3	7,1	27	159,1	12,0
Feldesman u.a. 1990	20	174,1	8,5	24	157,8	16,8
Formicola / Franceschi 1996	25	169,9	6,4	27	156,8	11,3
Raxter u.a. 2008	26	166,1	6,3	27	154,6	10,4
Vercellotti u.a. 2009	25	172,2	5,6	27	158,0	12,5
Maijanen / Niskanen 2009	25	170,5	7,2	27	159,4	12,5
gemittelte Schätzung	25	169,2	5,9	27	157,8	10,7
komb. Schätzung	26	168,3	5,3	27	157,0	9,8

Tab. 19: Vergleich der Körperhöhenschätzungen für das Gräberfeld von Ried - Mühlehölzi.

---

149 Lage ca. 46°57'21"N, 7°11'09"E.

150 Kaufmann / Schoch 1983.

5.3.6 Sontheim an der Brenz

Die 86 Toten auf dem Gräberfeld von Sontheim an der Brenz,[151] auf dem im Wesentlichen im 7. Jahrhundert bestattet wurde, hat Norman Creel anthropologisch untersucht;[152] seine Publikation umfasst auch die wesentlichen Daten für das Postkranium der erwachsenen Individuen. Die nachfolgende Tabelle führt die resultierenden Körperhöhen auf.[153]

Sontheim /Brenz	Männer			Frauen		
	n	$\bar{x}$	sd	n	$\bar{x}$	sd
Pearson 1899	24	169,5	4,4	17	154,2	3,4
Breitinger und Bach	24	172,0	4,0	17	159,3	3,4
Telkkä 1950	24	171,1	4,3	17	154,7	2,9
Trotter / Gleser '52 ‚White'	24	173,8	5,5	17	157,6	3,6
Trotter / Gleser '52 ‚Negro'	24	169,3	5,0	17	154,4	3,1
Olivier u.a. 1978	24	171,4	5,6	17	157,1	4,9
Sjøvold 1990	24	173,0	7,1	17	157,2	4,9
Feldesman u.a. 1990	18	175,4	7,0	13	155,1	5,3
Formicola / Franceschi 1996	24	171,7	5,6	17	154,2	3,3
Raxter u.a. 2008	24	168,3	6,1	17	153,7	4,2
Vercellotti u.a. 2009	24	174,1	5,2	17	155,6	4,4
Maijanen / Niskanen 2009	24	173,1	7,0	17	156,4	3,5
gemittelte Schätzung	24	171,8	5,4	17	155,8	3,6
komb. Schätzung	24	170,9	4,9	17	155,4	3,3

Tab. 20: Vergleich der Körperhöhenschätzungen für das Gräberfeld von Sontheim /Brenz.

---

151 Lage ca. 48°33'34"N, 10°16'49"E.

152 Creel 1966.

153 Für einzelne Formeln mussten ergänzend Masse berechnet werden: R2 = R1 minus 13 mm; F2 = F1 minus 4 mm.

48

5.3.7 Stetten an der Donau

Das Gräberfeld von Stetten nahe Tuttlingen[154], dessen etwa 260 Gräber vor allem in das 7. Jahrhundert datiert werden, wurde von Petra Konieczka und Manfred Kunter anthropologisch untersucht, ihrer sorgfältigen Publikation sind umfangreiche Tabellen u.a. mit den Individualdaten des postkranialen Skeletts beigefügt. Die mittlere Lebenserwartung der Männer liegt bei 49,2 Jahren, die der Frauen bei 45,6 Jahren.[155] Da alle nötigen Masse für alle Formeln publiziert sind, können die Formeln direkt angewendet werden.

Stetten an der Donau	Männer			Frauen		
	n	x̄	sd	n	x̄	sd
Pearson 1899	44	169,3	4,8	31	156,3	4,1
Breitinger und Bach	43	172,1	4,1	31	159,6	3,2
Telkkä 1950	44	171,0	4,6	20	156,9	3,6
Trotter / Gleser '52 ‚White'	46	174,4	5,6	33	161,9	7,2
Trotter / Gleser '52 ‚Negro'	45	169,8	5,1	33	157,5	5,8
Olivier u.a. 1978	45	171,8	5,8	33	160,8	7,8
Sjøvold 1990	46	173,0	6,7	34	160,9	7,5
Feldesman u.a. 1990	25	178,0	9,1	19	159,6	9,0
Formicola / Franceschi 1996	44	172,5	6,4	30	157,0	5,3
Raxter u.a. 2008	44	170,0	5,6	32	156,4	5,0
Vercellotti u.a. 2009	44	174,3	5,9	30	158,2	5,8
Maijanen / Niskanen 2009	46	173,0	7,0	32	159,8	8,4
gemittelte Schätzung	46	172,2	5,6	34	159,5	7,1
komb. Schätzung	46	171,2	5,0	33	158,9	6,4

Tab. 21: Vergleich der Körperhöhenschätzungen für das Gräberfeld von Stetten.

---

154 Lage ca. 48°01'24"N, 8°52'11"E.

155 e_{15} +15 nach den Tabellen bei Konieczka / Kunter 1999, 273 f. Tab. 3-4.

5.4 Neuzeitliche Vergleichsserien

5.4.1 Basel - St. Johann

In den Jahren 1988-89 konnte in Basel ein neuzeitliches Gräberfeld unter recht günstigen Bedingungen erfasst werden. Es handelt sich um das Spitalgräberfeld St. Johann,[156] das von 1845 bis 1868 benutzt wurde. Das Spital gehörte zu einem armen Stadtviertel Basels, und die Bestattungen direkt beim Spital umfassen wesentlich die soziale Unterschicht der Stadt. Die Mehrheit der Verstorbenen war relativ alt, sodass wiederum die Mehrheit der hier Bestatteten ihre Kindheit und Jugend in der Zeit vor der Industriellen Revolution durchlebt hat. Die Ausgrabung galt als anthropologische Lehrgrabung, weshalb die Freilegung, Bergung und Dokumentation in der Regel von Anthropologen durchgeführt wurde. Die Skelettlängen wurden *in situ* gemessen. Im Abgleich mit archivalischen Unterlagen ist für einen großen Anteil der Bestattungen die persönliche Identifikation möglich, weshalb die Serie zu einer mehrfach genutzten Referenzserie geworden ist. Wir benutzen hier die von Miriam Haidle erhobenen und publizierten Daten für das postkraniale Skelett.[157]

---

156 Lage ca. 47°34'03"N, 7°34'53"E.

157 Haidle 1997.

Basel - St. Johann	Männer			Frauen		
	n	x̄	sd	n	x̄	sd
Pearson 1899	166	166,2	5,5	81	153,7	5,8
Breitinger und Bach	166	169,2	4,7	81	158,7	4,1
Telkkä 1950	166	168,1	5,2	81	154,2	5,2
Trotter / Gleser '52 ‚White'	166	170,6	6,4	81	157,9	6,8
Trotter / Gleser '52 ‚Negro'	166	166,1	5,7	81	154,6	6,1
Olivier u.a. 1978	166	167,9	6,9	81	156,1	6,7
Sjøvold 1990	166	167,9	7,7	81	156,1	8,1
Feldesman u.a. 1990	150	171,5	9,6	73	156,8	9,8
Formicola / Franceschi 1996	166	168,5	6,9	81	155,2	7,3
Raxter u.a. 2008	166	164,4	6,7	81	152,3	6,5
Vercellotti u.a. 2009	166	170,8	7,0	81	156,2	8,1
Maijanen / Niskanen 2009	166	169,0	8,2	81	156,8	7,4
gemittelte Schätzung	166	168,3	6,5	81	155,7	6,7
komb. Schätzung	166	167,6	5,8	81	155,4	6,2
Skelettlänge *in situ*	146	162,7	9,2	74	151,3	8,5

Tab. 22: Vergleich der Körperhöhenschätzungen für das Gräberfeld von Basel - St. Johann.

5.4.2 Rollet 1888

Als zeitlich ähnlich anzusetzende Stichprobe wollen wir auch jene Serie betrachten, mit der die moderne Diskussion des Themas einsetzte, nämlich die Vermessung von 100 Anatomieleichen in Lyon (50 ♂, 50 ♀), die Etienne Rollet 1888 publizierte. Die meisten seiner Leichen waren im Alter zwischen 50 und 80 Jahren verstorben, d.h. ihre Kindheit und Jugend fällt wesentlich in eine Zeit, die der Industriellen Revolution und ihren Auswirkungen noch vorausgeht.[158]

---

158 Wir verwenden die Tabelle von Rollet 1888, 16-23. Von der Knochenlänge wurden, wie von ihm empfohlen (Rollet 1888, 24), jeweils 2 mm subtrahiert, um den Trockenschwund zu simulieren. Der besseren Vergleichbarkeit halber nehmen wir als von ihm erhobene Maßstrecken F1, R1, U1, H1, T1 und Fib1 an, und wenden auf sie die für die spezifischen Formeln nötigen Anpassungen an.

Rollet 1888	Männer			Frauen		
	n	$\bar{x}$	sd	n	$\bar{x}$	sd
Pearson 1899	50	165,3	4,3	50	152,6	4,2
Breitinger und Bach	50	168,6	3,6	50	158,1	2,7
Telkkä 1950	50	167,4	4,1	50	153,6	3,7
Trotter / Gleser '52 ‚White'	50	168,1	5,2	50	156,4	5,6
Trotter / Gleser '52 ‚Negro'	50	164,5	4,6	50	153,3	5,1
Olivier u.a. 1978	50	167,0	5,4	50	154,1	5,2
Sjøvold 1990	50	166,5	5,7	50	154,3	5,6
Feldesman u.a. 1990	50	168,4	8,9	50	154,6	8,4
Formicola / Franceschi 1996	50	166,9	6,1	50	154,0	5,9
Raxter u.a. 2008	50	162,6	4,7	50	150,7	5,0
Vercellotti u.a. 2009	50	169,1	6,2	50	154,8	6,5
Maijanen / Niskanen 2009	50	167,1	6,5	50	155,3	6,0
gemittelte Schätzung	50	166,9	5,3	50	154,3	5,2
komb. Schätzung	50	166,2	4,7	50	154,1	4,9
Lebendgröße n. Rollet	50	166,5	5,5	50	154,0	5,5

Tab. 23: Vergleich der Körperhöhenschätzungen für die Referenzserie von Rollet 1888.

6. Vergleich und Diskussion der Schätzformeln

6.1 Vergleich der Ergebnisse

Die Unterschiede zwischen den resultierenden Mittelwerten der einzelnen Schätzformeln in Bezug auf die gleiche Serie liegen bei oft 3 bis 5 cm, die Standardabweichungen innerhalb der Populationen bei um 3 - 7 cm (Tab. 10-23). Die Unterschiede zwischen unseren Serien liegen, wenn man sie auf der Basis der gleichen Schätzformeln vergleicht, ebenfalls im Bereich weniger Zentimeter.[159] Wenn wir in späteren Auswertungen beispielsweise für sozialgeschichtliche Fragen Populationen miteinander vergleichen wollen, oder innerhalb von Populationen soziale Untergruppen untersuchen möchten wie etwa ‚Schwertträger' gegen ‚waffenlose Männer', können wir Unterschiede erwarten, die etwa so groß sind wie jene, die sich aus der Anwendung unterschiedlicher Formeln ergeben. Folglich können Werte, die nach unterschiedlichen Formeln berechnet wurden, nicht ohne Weiteres verglichen werden.[160]

Weitere wesentliche Eigenschaften der Formeln werden schnell deutlich, wenn man zu Vergleichszwecken aus allen hier verfolgten Ansätzen über das arithmetische Mittel eine ‚mittlere Schätzung' bildet, und diese dem Ergebnis der Einzelschätzungen gegenüberstellt.[161] Tab. 24 vergleicht diese gemittelte Schätzung mit den Einzelschätzungen, wobei im Hinblick auf eine höhere Konsistenz hier nur die zwölf spätantiken und frühmittelalterlichen Serien (Kap. 5.1 - 5.3) berücksichtigt wurden.

---

159 Die Unterlassung der von Trotter und Gleser empfohlenen Alterskorrektur würde z.B. ein 60-jähriges Individuum gegenüber einem 30-Jährigen scheinbar um 1,8 cm ‚vergrößern'. Zwischen einer insgesamt früh verstorbenen Population und einer recht alt gewordenen Population könnte ein mittlerer Unterschied in der Lebenserwartung von 5 - 10 Jahren folglich wiederum mit etwa 0,3 resp. 0,6 cm zu Buche schlagen.

160 Zusammenstellungen ohne Anpassungen wie etwa bei Maat 2005, wo Serien nach Breitinger 1937, Trotter / Gleser 1952 und 1958 unverändert nebeneinander gestellt werden, beinhalten eine erhebliche Varianz, die sich alleine aus der Anwendung unterschiedlicher Formeln ergibt (Braat 2005, 278).

161 Obwohl Trotter / Gleser 1958, 114 ff. energisch und mit guten Argumenten von solchem Vorgehen abraten, benutzen wir dieses Instrument hier im Methodenvergleich, ohne damit die These zu verbinden, dass eine gemittelte Schätzung wahrer sei als die bestgeeignete Einzelformel. - Die in Tab. 24 zusammengestellten Werte wurden über die Mittlung der Schätzungen der einzelnen Individuen berechnet, nicht als Mittelwert aus den Populationen.

Einzelformel *minus* mittlere Schätzung	Männer	Frauen
Pearson 1899	-2,3	-2,5
Breitinger und Bach	+0,7	+2,1
Telkkä 1950	-0,5	-2,0
Trotter / Gleser '52 ‚White'	+2,3	+2,2
Trotter / Gleser '52 ‚Negro'	-2,3	-1,4
Olivier u.a. 1978	-0,2	+0,9
Sjøvold 1990	+0,5	+1,5
Feldesman u.a. 1990	+3,6	+0,9
Formicola / Franceschi 1996	-0,3	-1,1
Raxter u.a. 2008	-2,8	-2,4
Vercellotti u.a. 2009	+2,4	+0,1
Maijanen / Niskanen 2009	+0,5	+1,0
komb. Schätzung	-0,9	-0,5

Tab. 24: Vergleich der Wirkung der Schätzformeln auf unsere zwölf spätantiken und frühmittelalterlichen Serien. Pro Serie wurde die Differenz der Einzelformel zur mittleren Schätzung bestimmt, die Tabelle gibt arithmetische Mittel der Differenzen an.

Die Einzelvergleiche in den Tab. 10-23 und eine Summierung in Tab. 24 zeigen auf, wie die Formeln auf unsere Populationen wirken. Neben Formeln, die hinsichtlich der Geschlechter jeweils ähnliche Ergebnisse erzielen, führen einige Formeln zu Verzerrungen zwischen den Geschlechtern. Relativ zu einer mittleren Schätzung und zu den Männern machen Breitinger und Bach - und in geringerem Maß auch Olivier u.a. 1978 und Sjøvold 1990 - große Frauen, und umgekehrt Telkkä 1950, Feldesman u.a. 1990 und Vercellotti u.a. 2009 kleine Frauen.[162] Diese Formeln führen vermutlich zu Verzerrungen hinsichtlich der Geschlechter, d.h. zu einer Über- bzw. Unterbetonung des Geschlechtsdimorphismus. Unter den diesbezüglich weitgehend neutralen Formeln schätzen Pearson 1899 und Trotter / Gleser 1952 ‚Negro' relativ niedrige Körperhöhen, Trotter /

---

162 Nach Reichelt u.a. 2003, 280 führt bei Telkkä 1950 vor allem der Unterarm zu großen Fehlern.

Gleser 1952 ,*White*' relativ große Körperhöhen.[163] Als relativ geschlechtsneutral und nahe am Mittel aller Schätzungen liegend zeichnen sich die auf Westerhus beruhenden Formeln nach Maijanen / Niskanen 2009 ab, sowie die aus Pearson 1899, Trotter / Gleser ,*White*' und ,*Negro*'errechnete kombinierte Schätzung.

6.2 SERIEN MIT INDIVIDUEN BEKANNTER KÖRPERGRÖßE

Wir wollen prüfen, ob dieser Effekt eine Frage der spezifischen Population ist, die hier untersucht wird. Dazu greifen wir eine Studie der Jenenser Forschungsgruppe um Horst Bruchhaus auf, die 10 sehr vollständig erhaltene neolithische bis bronzezeitliche Skelette aus Mitteldeutschland nach der ,Fully-Methode' bearbeitet und die Ergebnisse dieser Körperhöhenschätzung mit den gängigen Formeln verglichen.[164] Sie haben die Formeln auf jene drei Einzelknochen angewendet, die enger als andere mit der Körperhöhe korrelieren, d.h. auf Humerus, Femur und Tibia. Ergänzend wurden hier die Schätzformeln - soweit es die Originalarbeiten vorsehen - auf die drei Knochen gemeinsam angewendet und pro Individuum Mittelwerte gebildet resp. die multiplen Regressionen gerechnet (Tab. 25).[165]

---

163 Zu einem ähnlichen Befund anhand fünf mittelalterlicher Skelette kommen Reichelt u.a. 2003, 180, wonach die Schätzungen Trotter / Gleser 1952 *'Negro'* recht exakt sind, die Formeln für *'White'* recht deutlich überschätzen.

164 Angewendet wurde von Schmidt u.a. 2007a die ,klassische' Fully-Methode, also ohne die von Raxter u.a. (2006; 2007) vorgeschlagenen Modifikationen.

165 Wir verarbeiten die Daten aus der Originalarbeit unter Ausschluss des Individuums Nr. 2 bei Schmidt u.a. 2007a, 65 Tab. 1-2. Das dort in Tab. 1 als „weiblich" bestimmte Individuum erweist sich in seinen Körperproportionen als innerhalb dieser Population sehr ungewöhnlich. Eine Klassifikation als „männlich" würde diese Extremstellung in der Metrik weitgehend bereinigen; dies wäre jedoch ein kaum vertretbares Vorgehen, weshalb wir einen Ausschluss vorziehen.

Schätzung *minus* Körperhöhe nach Fully	Männer			Frauen			Diff. x̄ ♂ - ♀
	n	x̄	sd	n	x̄	sd	
Pearson 1899	5	-2,2	1,0	4	-1,1	1,4	-1,1
Breitinger & Bach	5	+0,7	1,9	4	+3,6	2,2	+2,9
Telkkä 1950	5	-0,8	1,3	4	-0,7	1,8	+0,1
Trotter / Gleser '52 ‚White'	5	+2,1	0,5	4	+3,4	0,9	+1,3
Trotter / Gleser '52 ‚Negro'	5	-2,5	0,8	4	-0,1	1,0	+2,4
Olivier u.a. 1978	5	-1,8	1,5	4	+2,1	2,2	+3,9
Sjøvold 1990	5	-0,9	2,9	4	+2,5	1,7	+3,4
Feldesman u.a. 1990	5	+2,8	3,3	4	+3,3	2,3	+0,5
Formicola / Franceschi 1996	5	+0,6	0,7	4	+1,0	1,3	+0,4
Raxter u.a. 2008	5	-2,1	0,4	4	-0,1	1,0	+2,0
Vercellotti u.a. 2009	5	+2,7	0,6	4	+2,2	1,4	-0,5
Maijanen / Niskanen 2009	5	+0,4	2,4	4	+2,6	1,0	+2,2
gemittelte Schätzung	5	-0,3	0,4	4	+1,4	1,0	+1,7
komb. Schätzung	5	-0,9	0,5	4	+0,7	1,1	+1,6

Tab. 25: Vergleich zwischen Körperhöhe nach Fully und der geschätzten Körperhöhe für die Daten in der Tabelle Schmidt u.a. 2007a. Da hier die unmodifizierte Fully-Schätzung zugrunde gelegt wurde, läge der ideale Wert bei etwa -2 cm.

Erwartet wird, dass die Differenz zwischen der Schätzung nach den Langknochen und der anatomischer Körperhöhe innerhalb der Formel einen ähnlichen Unterschied ausweist, was in der Regel auch der Fall ist. Nur die Schätzungen nach Breitinger und Bach, Olivier u.a. 1978 und Sjøvold 1990 führen zwischen den Geschlechtern zu recht kräftigen Verzerrungen. Da, wie oben dargelegt, die bei Schmidt u.a. 2007a zugrunde gelegte klassische ‚Fully-Methode' die Körperhöhen wohl um etwa 2,4 cm systematisch unterschätzt, kann man für diese Population die Formeln Trotter / Gleser 1952 ‚*White*', Feldesman u.a. 1990 und Vercellotti u.a. 2009 als wohl deutlich zu hohe Schätzungen identifizieren.

Einen sicherlich speziellen, doch sehr interessanten Vergleichsfall bietet eine neue Studie von Benjamin M. Auerbach und Christopher B. Ruff, die für eine sehr umfangreiche Sammlung indigener Nordamerikaner aus archäologischen Kontexten unterschiedlicher Zeitstellung die Körperhöhe nach der revidierten ‚Fully-Methode' ermittelt haben. Die Studie beruht auf 2621 Individuen aus 149 Populationen.[166] Ihr Ziel war es, die regionale Variabilität der relevanten Körperproportionen aus klimatisch und ökologisch sehr unterschiedlichen Gebieten innerhalb des nordamerikanischen Kontinents zu untersuchen und regionalspezifisch optimale Schätzformeln abzuleiten. Hier nehmen wir die nach Körperproportionen und klimatisch-ökologischen Gegebenheiten zusammengefassten zehn Gruppen und deren Populationsmittelwerte für einen Vergleich unserer Schätzformeln und betrachten jede Population wie ein Individuum (Tab. 26); da Daten für die oberen Extremitäten nicht mitgeteilt werden, beruhen die Schätzungen hier allein auf Femur- und Tibialänge.[167] Einige unserer Schätzformeln führen zu grösseren Abweichungen von der Fully-Höhe (Breitinger und Bach, Telkkä 1950, Trotter / Gleser 1952 ‚*White*'), andere kommen dem erwarteten Wert sehr nahe (Pearson 1899, Trotter / Gleser 1952 ‚*Negro*', Feldesman u.a. 1990, Formicola / Franceschi 1996, Raxter u.a. 2008). Die Abweichungen der besseren der hier verwendeten Formeln sind kaum grösser als diejenigen, die sich nach den von Auerbach und Ruff neu vorgeschlagenen, raumspezifischen Formeln für indigene Nordamerikaner ergeben.[168]

---

166 Auerbach / Ruff 2009, mit Kartierung Abb. 1.

167 Auerbach / Ruff Tab. 4. Der Artikel enthält keine Individualdaten oder vollständigen Sätze von Populationsmittelwerten, aber T1 und F2 können aus den dort mitgeteilten Proportionen zurückgerechnet werden. Da hier die Populationsmittelwerte wie Individuen betrachtet werden, entfällt für Tabelle 26 die nicht sinnvolle Berechnung der Standardabweichung.

168 Vgl. hierzu Auerbach / Ruff 2009, Tab. 7.

indigene Nordamerikaner	Männer		Frauen	
	„n"	x̄	„n"	x̄
Fully-Größe beobachtet	10	162,8	10	152,6
Pearson 1899	10	163,8	10	152,3
Breitinger und Bach	10	166,7	10	156,9
Telkkä 1950	10	165,7	10	154,1
Trotter / Gleser '52 ‚White'	10	167,0	10	155,8
Trotter / Gleser '52 ‚Negro'	10	162,7	10	152,8
Olivier u.a. 1978	10	163,9	10	154,2
Sjøvold 1990	10	163,9	10	154,6
Feldesman u.a. 1990	10	163,9	10	152,2
Formicola / Franceschi 1996	10	164,0	10	152,6
Raxter u.a. 2008	10	162,9	10	151,6
Vercellotti u.a. 2009	10	166,4	10	153,3
Maijanen / Niskanen 2009	10	164,4	10	154,4
gemittelte Schätzung	10	164,6	10	153,8
komb. Schätzung	10	164,5	10	153,6

Tab. 26: Vergleich der Körperhöhenschätzungen für die zehn indigen nordamerikanischen Populationen bei Auerbach / Ruff 2009 Tab. 4.

6.3 Vergleich mit der Skelettlänge im archäologischen Befund

Als weitere Überprüfung wurden immer wieder auch Messungen der Skelettlänge im Grabungsbefund (‚in situ') herangezogen.[169] Sorgfalt vorausgesetzt, wird dabei die Leichenlänge ermittelt; diese gilt gegenüber der Lebendlänge als um etwa 1,6 bis 2,5 cm gestreckt, d.h. die Formeln für die Lebendlänge sollten um etwa 2 cm niedrigere Werte ergeben. In diesem Sinne hat Petersen exakt 20 mittelalterliche Skelette (10 ♂, 10 ♀) aus einem Gräberfeld bei Ribe (DK) näher untersucht, allerdings nur Daten über die Femurlänge publiziert. Ihn interessierte der Zusammenhang zwischen der geschätzten Skelettlänge und der Länge der Skelette, wie sie *in situ* bei sehr sorgfältigen Messungen im

---

169 Grundlegend: Kurth 1950; vgl. hier Haidle 1997, 86, mit Bezug auf Basel-St. Johann.

Grabungsbefund ermittelt wurde. Sein Vergleichsparameter waren allein die Schätzungen nach Trotter und Gleser, weshalb wir hier Schätzungen nach weiteren Formeln ergänzt haben. Tabelle 27 bestätigt die bisherigen Beobachtungen, obwohl die Schätzungen allein auf der Femurlänge beruhen. Fast alle Differenzen liegen nahe bei dem erwarteten Wert der üblichen Differenz zwischen Lebendhöhe und Skelettlänge von etwa +1,5 bis +2,5 cm. Auffällig sind jedoch die Schätzung nach Bach 1965 (Frauen), Trotter / Gleser 1952 ‚*White*‘, Olivier u.a. 1978 (Frauen), Sjøvold 1990, Feldesman u.a. 1990 und Vercellotti u.a. 2009, die deutlicher jenseits der Erwartung liegen.[170]

Schätzung *minus* Skelettlänge im Befund	Männer			Frauen			Diff. $\bar{x}$ ♂ - ♀
	n	$\bar{x}$	sd	n	$\bar{x}$	sd	
Pearson 1899	10	+0,2	2,6	10	+1,3	3,2	-1,1
Breitinger & Bach	10	+2,0	3,0	10	+8,1	3,3	+6,1
Telkkä 1950	10	+1,3	2,2	10	+1,8	3,1	+0,5
Trotter / Gleser ‘52 ‚White‘	10	+4,2	1,8	10	+5,1	3,4	+0,9
Trotter / Gleser ‘52 ‚Negro‘	10	+0,2	2,2	10	+2,6	3,3	+2,4
Olivier u.a. 1978	10	+2,1	1,8	10	+4,3	3,2	+2,2
Sjøvold 1990	10	+4,3	1,5	10	+7,2	3,6	+2,9
Feldesman u.a. 1990	10	+7,5	2,4	10	+5,4	4,9	-2,1
Formicola u.a. 1996	10	+2,9	1,6	10	+3,1	3,5	+0,2
Raxter u.a. 2008	10	+0,8	2,0	10	+2,4	3,3	+1,6
Vercellotti u.a. 2009	10	+5,2	1,6	10	+4,3	3,8	-0,9
Maijanen / Niskanen 2009	10	+2,9	1,5	10	+4,4	3,7	+1,5
gemittelte Schätzung	10	+2,4	1,9	10	+4,1	3,3	+1,7
komb. Schätzung	10	+1,5	2,2	10	+3,0	3,2	+1,5

Tab. 27: Vergleich zwischen der Skelettlänge im Grab und der anhand des Femurs geschätzten Körperhöhe für die Daten in der Tabelle Petersen 2005. Unter Berücksichtigung der Leichenstreckung läge der ideale Wert hier bei etwa +2 cm.

---

170 Die Differenz zwischen den Körperhöhenschätzungen und den bei Petersen 2005 (108 Tab. 1) angegeben Zahlen für die anatomische Körperhöhe nach Fully liegt - je nach Schätzformel - bei etwa 10 - 15 cm. Diese große Differenz liegt weit jenseits der üblichen Abweichungen und weckt erhebliche Zweifel an den dort mitgeteilten anatomischen Körperhöhen oder verweist auf ganz ungewöhnliche Körperproportionen dieser Population, weshalb sie hier für weitere Vergleiche nicht berücksichtigt werden kann.

Unter den hier näher diskutierten Serien liegen *in-situ*-Messungen für Basel - St. Johann und für Eichstetten vor; da die Ausgrabung der Serie Basel - St. Johann von Anthropologen durchgeführt wurde, sollten diese Messungen besonders verlässlich sein. Die *in situ* gemessenen Skelettlängen aus Basel - St. Johann fallen durchweg zu gering aus (Tab. 22); addieren wir die zu erwartende Leichenstreckung hinzu, sind die *in-situ*-Befunde je nach Formel um etwa 0,2 bis 8,1 cm kürzer (!) als die Schätzungen über die Langknochen. Der Befund irritiert, denn die Lebendlänge, die geschätzt wurde, liegt üblicherweise ca. 2 cm unter der Leichenlänge, der die *in-situ*-Befundung entsprechen sollte. Die Werte differieren also - bei beträchtlicher Streuung - im Mittel um etwa 6 cm von den Erwartungen;[171] das Problem scheinen dabei eher die *in-situ*-Messungen als die Schätzungen zu sein.

In Eichstetten, wo wohl die ausgrabenden Archäologen die Strecken ermittelt haben, sind die *in situ* gemessenen Skelettlängen etwas größer als die Schätzungen, im Mittel bei den Männern um 1,0 cm, bei den Frauen um 1,5 cm (Tab. 28).[172] Die Differenz liegt sehr nahe an den Erwartungen über den üblichen Unterschied von Lebendhöhe zu Leichenlänge von 2 cm, weshalb es lohnend erscheint, für diese Serie die Ergebnisse näher aufzuschlüsseln.

---

171 Der höheren Konsistenz der Argumentation und der Zahlen halber schätzen wir die Körperhöhen hier durchweg ohne eine Alterskorrektur. Im vorliegenden Fall ist sie jedoch zu diskutieren. Das mittlere Sterbealter der Erwachsenen in Basel - St. Johann liegt bei um 45 Jahren, woraus sich im Mittel eine Alterskorrektur von minus 0,9 cm ergäbe. Die kleine Differenz macht deutlich, dass auch eine Alterskorrektur die beachtliche Differenz zwischen Beobachtung und Erwartung nicht nennenswert mindert.

172 Im Unterschied zu Tab. 15 enthält Tab. 28 nur die Individuen aus Eichstetten, für die eine *in-situ*-Messung und eine Körperhöhenschätzung vorliegt. Korrelationskoeffizient zwischen *in-situ*-Befund und Schätzung nach Pearson 1899 für Männer 0,801, für Frauen 0,546, jeweils hochsignifikant. - Während wir für Basel - St. Johann davon ausgehen können, dass am Fuß jeweils korrekt bis zum Calcaneus gemessen wurde, macht die Publikation für Eichstetten keine Aussagen darüber, wer die Maße genommen hat und wie sie genommen wurden.

Schätzung *minus* Skelettlänge *in situ*	Männer			Frauen			Diff. x̄ ♂ - ♀
	n	x̄	sd	n	x̄	sd	
Pearson 1899	30	-2,2	5,3	37	-4,2	7,0	-2,0
Breitinger & Bach	30	+0,5	5,4	37	-0,5	7,9	-1,0
Telkkä 1950	30	-0,2	5,4	37	-3,8	6,6	-3,6
Trotter / Gleser '52 ‚White'	30	+2,5	5,3	37	+0,8	8,1	-1,7
Trotter / Gleser '52 ‚Negro'	30	-2,3	5,1	37	-3,0	7,6	-0,7
Olivier u.a. 1978	30	+0,0	5,4	37	-0,3	7,2	-0,3
Sjøvold 1990	30	+0,9	5,5	37	+0,4	8,0	-0,5
Feldesman u.a. 1990	20	+1,5	7,2	26	-1,2	10,1	-2,7
Formicola u.a. 1996	30	-0,6	5,1	37	-2,7	7,8	-2,1
Raxter u.a. 2008	30	-3,3	5,4	37	-4,0	7,6	-0,7
Vercellotti u.a. 2009	30	+2,5	5,4	37	-1,4	8,0	-3,9
Maijanen / Niskanen 2009	30	+1,4	6,1	37	-0,4	7,9	-1,9
gemittelte Schätzung	30	+0,1	5,2	37	-1,7	7,5	-1,8
komb. Schätzung	30	-0,7	5,2	37	-2,1	7,5	-1,4
Skelettlänge im Befund	58	170,5	9,7	77	161,5	8,1	

Tab. 28: Vergleich zwischen der Skelettlänge im Grab und nach den Formeln geschätzten Körperhöhen für die Serie Eichstetten. Unter Berücksichtigung der Leichenstreckung läge der ideale Wert hier bei etwa -3 cm.

Das mittlere Sterbealter der erwachsenen Eichstettener lag bei knapp über 50 Jahren, sodass eine hier gebotene Alterskorrektur die Schätzungen im Mittel um 1,2 cm mindern würde. Daher wäre für die Schätzungen tendenziell ein Wert von um -3 cm zu erwarten. Dieser Erwartung kommen insbesondere die Formeln Pearson 1899, Trotter/Gleser 1952 ‚Negro', Formicola u.a. 1996, Raxter et. al. 2008 sowie die kombinierte Schätzung nahe.[173]

---

173 Berücksichtigt man die Leichenstreckung, kommt auch Kurth 1950 bei seiner Studie zu einem ähnlichen Ergebnis, nämlich der nahen Übereinstimmung von *in-situ*-Messung und Schätzungen nach Pearson 1899.

6.4 Die den Schätzformeln zugrunde liegenden Referenzserien und ihre Körperproportionen

Die klassischen Lehrbuchthesen begründen die Notwendigkeit für unterschiedliche Schätzformeln mit den unterschiedlichen Körperproportionen der zu untersuchenden Populationen. Daher müssten für diese Populationen jeweils spezifische Formeln auf Grundlage von Referenzserien mit ähnlichen Körperproportionen entwickelt werden, um der wahren Körpergröße möglichst nahe zu kommen. Insbesondere Trotter und Gleser haben in den 1950er Jahren systematisch zwischen ‚*American White*‘, ‚*American Negro*‘ und anderen amerikanischen Gruppen differenziert und gruppenspezifische Schätzformeln erarbeitet. Um das System besser zu verstehen, betrachten wir daher die Körperproportionen, und zwar nach den gängigen, auf das Lehrbuch von Martin (1914; 1928) zurückgehenden Indizes, wobei wir uns auf jene drei Indizes beschränken, deren Langknochen in den Schätzformeln eine wesentliche Rolle spielen.[174] Zum Vergleich haben wir für unsere Fragestellung eine Stichprobe von 138 neolithischen bis neuzeitlichen Populationen aus Mitteleuropa und 6 ägyptisch-vorderorientalischen Populationen zusammengestellt, für die uns zwar keine Individualdaten vorliegen, jedoch Mittelwerte der nötigen Langknochenmasse, an denen wir später Körperhöhenschätzungen auf Populationsniveau werden vornehmen können (Nachweise im Anhang Kap. 11.1).

Der ‚Femoro-Tibial-Index‘ (FTI) nach Martin wird errechnet als (T1b / F2) * 100;[175] da heute in der Regel F1 zur Verfügung steht, rechnen wir, um die Werte mit alten Daten getreu vergleichen zu können, ggf. (T1b / (F1 - 4 mm)) * 100. Ein höherer Wert beschreibt eine zum Femur relativ lange Tibia, ein niedriger Wert eine relativ kurze Tibia.

---

174 Sofern Meßstrecken voneinander abzuleiten sind, gehen wir von den in Kap. 4.2 begründeten und als Übersicht in Kap. 11.2 zusammengestellten Beziehungen aus.

175 Martin 1928, 1067.

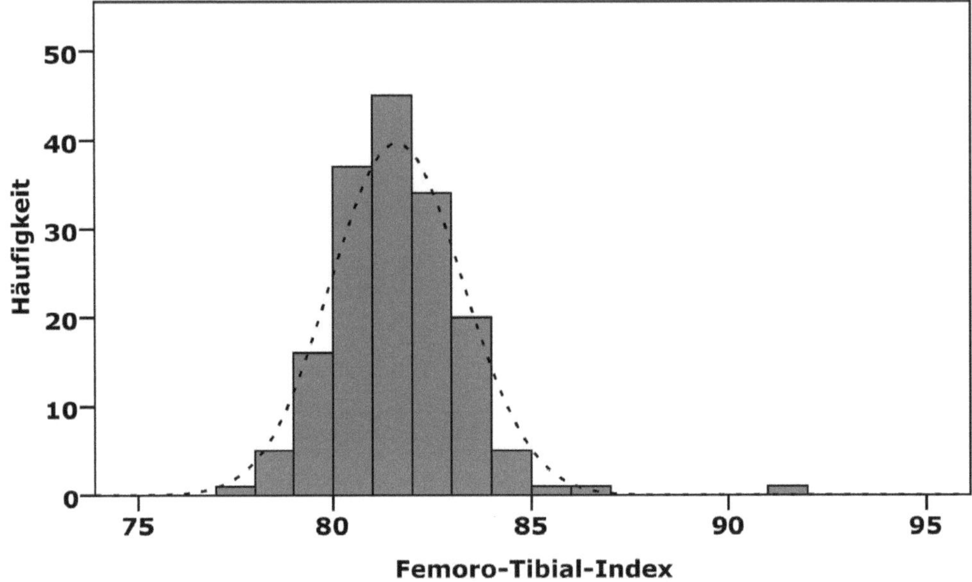

Abb. 1: Histogramm des FTI (Femoro-Tibial-Index) für die hier zusammengestellten mitteleuropäischen Populationen aufgrund der Populationsmittelwerte. Männer und Frauen zusammen, jedoch jeweils als eigene Serie. Berücksichtigt sind nur Populationen mit mindestens jeweils 15 Beobachtungen. Die eingespiegelte Kurve gibt den Verlauf einer entsprechenden Normalverteilung wider (x̄ 81,6, Std.abw. 1,67).

Ein Histogramm zeigt für die hier zusammengestellten mitteleuropäischen Populationen eine eingipflige Verteilung (Abb. 1), die sich ebenfalls ergibt, wenn man Frauen und Männer trennt; der Mittelwert von Männern und Frauen gemeinsam liegt bei 81,6, die Standardabweichung bei 1,67, d.h. etwa zwei Drittel aller Beobachtungen liegen zwischen 79,9 und 83,3.[176] Eine nach dem Index geordnete Tabelle weist die Werte für die Referenzserien nach (Tab. 29).

---

176 Vgl. Giannecchini / Moggi-Cecchi 2008, 290 Tab. 5 mit sehr ähnlichen Werten für Sammelserien aus Mittelitalien.

Serie	FTI
♀ Telkkä 1950	79,1
♂ Westerhus	79,2
♂ Telkkä 1950	79,4
♀ Rollet 1888	79,4
♀ Westerhus	79,5
♀ Terry Coll. ‚White'	79,8
♂ Terry Coll. ‚White'	80,2
♂ Rollet 1888	80,3
♂ WW-II ‚Am. White'	80,6
♀ Olivier u.a. 1978	80,8
♀ Formicola u.a 1996	81,0
♂ Vercellotti u.a. 2009	81,0
♀ Vercellotti u.a. 2009	81,4
♀ Terry Coll. ‚Negro'	81,6
♂ Olivier u.a. 1978	81,8
♂ Formicola u.a. 1996	82,0
♂ Korean war ‚White'	82,1
♂ Terry Coll. ‚Negro'	82,2
♂ WW-II ‚Negro'	82,3
♂ Breitinger 1938	83,0
♂ Korean war ‚Negro'	84,1
♀ Bach 1965	91,2

Tab. 29: Der Femoro-Tibial-Index (FTI) für die den diskutierten Schätzformeln zugrunde liegenden Referenzserien. - Daten für ‚Terry Coll.' *Terry Collection*, ‚WW-II' *world-war II* und ‚*Korean war*' nach Trotter / Gleser 1952 bzw. 1958.

Wir erkennen sofort die Sonderstellung der von Bach 1965 herangezogenen Frauen, die deutlich außerhalb des Wertebereichs der übrigen Referenzserien, aber auch unserer archäologischen Populationen liegen. Am unteren Ende der Skala fallen die beiden Serien von Telkkä 1950 und die aus ähnlichem Raum stammende Serie aus Westerhus auf. Für die US-Amerikaner ergibt sich keine scharfe Trennung zwischen *American White*' und *,American Negro*'.

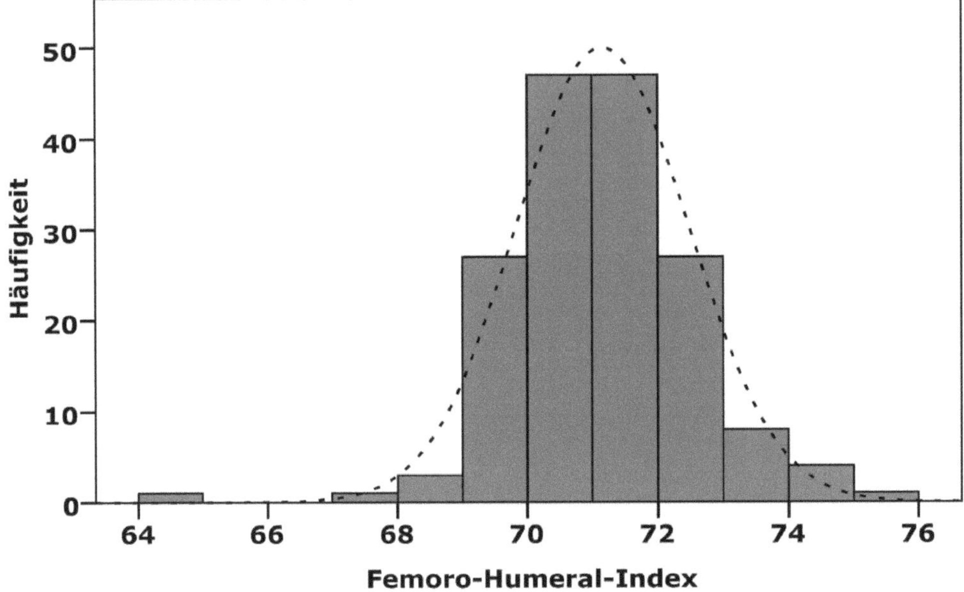

Abb. 2: Histogramm des FHI (Femoro-Humeral-Index) für die hier zusammengestellten mitteleuropäischen Populationen aufgrund der Populationsmittelwerte. Männer und Frauen zusammen,
jedoch jeweils als eigene Serie. Berücksichtigt sind nur Populationen mit mindestens jeweils 15
Beobachtungen. Die eingespiegelte Kurve gibt den Verlauf einer entsprechenden Normalverteilung wider ($\bar{x}$ 71,2, Std.abw. 1,32).

Der ‚Femoro-Humeral-Index' (FHI) nach Martin wird errechnet als (H2 / F2) * 100;[177]
da heute in der Regel H1 und F1 zur Verfügung stehen, rechnen wir, um die Werte mit
alten Daten getreu vergleichen zu können, ggf. ((H1 - 5 mm) / (F1 - 4 mm)) / 100. Ein
höherer Wert beschreibt einen zum Femur relativ langen Humerus, ein niedriger Wert
einen relativ kurzen Humerus.

Ein Histogramm des Femoro-Humeral-Index für unsere mitteleuropäischen Populationen erweist die Verteilung wiederum als eingipflig mit einem Mittelwert bei 71,2 und
einer Standardabweichung von 1,32 (Abb. 2), d.h. etwa zwei Drittel aller Beobachtungen
liegen in dem Intervall 69,9 bis 72,5. Männer und Frauen unterscheiden einander nicht.
Die nach Index geordnete Tabelle Tab. 30 weist die Werte für die Referenzserien nach.

---

177 Martin 1928, 1068.

Serie	FHI
♂ WW-II ‚Negro‘	69,3
♀ Terry Coll. ‚Negro‘	69,7
♂ Breitinger 1938	69,7
♀ Bach 1965	69,8
♀ Formicola u.a. 1996	69,8
♂ Korean war ‚Negro‘	69,9
♀ Terry Coll. ‚White‘	70,2
♀ Rollet 1888	70,2
♂ Formicola u.a 1996	70,3
♂ WW-II ‚White‘	70,5
♂ Terry Coll. ‚Negro‘	70,6
♂ Korean war ‚White‘	70,8
♂ Olivier u.a. 1978	71,2
♀ Vercellotti u.a. 2009	71,2
♂ Terry Coll. ‚White‘	71,6
♂ Telkkä 1950	71,7
♂ Rollet 1888	71,8
♂ Vercellotti u.a. 2009	72,0
♂ Westerhus	72,1
♀ Olivier u.a. 1978	72,7
♀ Telkkä 1950	72,9
♀ Westerhus	73,0

Tab. 30: Der Femoro-Humeral-Index (FHI) für die den diskutierten Schätzformeln zugrunde liegenden Referenzserien. - Daten für ‚Terry Coll.‘ *Terry Collection*, ‚WW-II‘ *world-war II* und ‚*Korean war*‘ nach Trotter / Gleser 1952 bzw. 1958.

Fast alle Referenzserien liegen innerhalb der Standardabweichung unserer archäologischen Vergleiche, die Frauen von Telkkä 1950, Olivier u.a. 1978 und die Referenzserie Westerhus liegen jedoch knapp jenseits dieses Bereichs. Wiederum ergibt sich kein Hinweis auf signifikante Unterschiede zwischen ‚*American White*‘ und ‚*American Negro*‘.

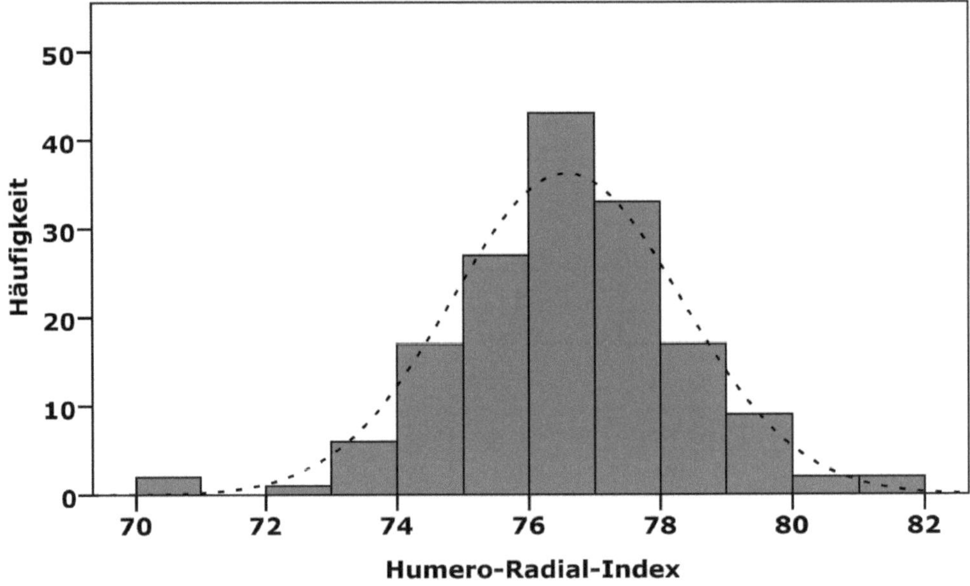

Abb. 3: Histogramm des HRI (Humero-Radial-Index) für die hier zusammengestellten mitteleuropäischen Populationen aufgrund der Populationsmittelwerte. Männer und Frauen zusammen, jedoch jeweils als eigene Serie. Berücksichtigt sind nur Populationen mit mindestens jeweils 15 Beobachtungen. Die eingespiegelte Kurve gibt den Verlauf einer entsprechenden Normalverteilung wider ($\bar{x}$ 76,6, Std.abw. 1,75).

Der ‚Humero-Radial-Index' (HRI) nach Martin wird errechnet als (R1 / H2) * 100;[178] da heute in der Regel H1 zur Verfügung steht, rechnen wir, um die Werte mit alten Daten getreu vergleichen zu können, ggf. (R1 / (H1 - 5 mm)) / 100. Ein höherer Wert beschreibt einen zum Humerus relativ langen Unterarm, ein niedriger Wert einen relativ kurzen Unterarm. Martin klassifizierte alle Werte bis 74,9 als brachykerkisch (kurz), den Bereich 75,0 - 79,9 als mesatikerkisch (mittellang) und den Bereich ab 80,0 als dolichokerkisch (lang).

Das Histogramm für die mitteleuropäischen Populationen zeigt eine eingipflige Verteilung (Abb. 3), der Mittelwert liegt bei 76,6 mit einer Standardabweichung von 1,75, Frauen und Männer unterscheiden einander nicht;[179] etwa zwei Drittel aller Fälle liegen

---

178 Martin 1928, 1067.

179 Vgl. Giannecchini / Moggi-Cecchi 2008, 290 Tab. 5 mit sehr ähnlichen Werten für Sammelserien aus Mittelitalien.

also in der Spanne 74,9 bis 78,3 und damit in der von Martin umrissenen Klasse „mittellang". Tabelle 31 weist die Werte für unsere Referenzserien nach.

Serie	HRI
♀ Olivier u.a. 1978	70,4
♀ Telkkä 1950	73,3
♂ Telkkä 1950	74,0
♀ Rollet 1888	74,2
♀ Terry Coll. ‚White'	74,2
♀ Westerhus	74,8
♂ Terry Coll. ‚White'	75,1
♂ Olivier u.a. 1978	75,4
♂ Rollet 1888	75,6
♂ WW-II ‚White'	75,8
♂ Westerhus	75,8
♂ Korean war ‚White'	76,3
♀ Vercellotti u.a. 2009	76,6
♀ Formicola u.a. 1996	77,4
♂ Vercellotti u.a. 2009	77,7
♀ Terry Coll. ‚Negro'	78,0
♂ Breitinger 1938	78,1
♂ Formicola u.a. 1996	79,0
♂ Terry Coll. ‚Negro'	79,1
♂ Korean war ‚Negro'	79,6
♂ WW-II ‚Negro'	79,8
♀ Bach 1965	80,6

Tab. 31: Der Humero-Radial-Index (HRI) für die den diskutierten Schätzformeln zugrunde liegenden Referenzserien. - Daten für ‚Terry Coll.' *Terry Collection*, ‚WW-II' *world-war II* und ‚*Korean war*' nach Trotter / Gleser 1952 bzw. 1958.

Die Frauen bei Olivier u.a. 1978 sowie Telkkä 1950 liegen mit sehr niedrigen Werten deutlich jenseits der Standardabweichung, das obere Extrem bieten die Frauen der Serie von Bach 1965. Drei der vier US-amerikanischen Serien für die Gruppe ‚*American Negro*' haben eher hohe Werte, liegen aber wiederum nicht - siehe Breitinger - in einem extremen Bereich.

Der nähere Blick auf die Referenzserien (Tab. 29-31) führt im Vergleich zu unseren archäologischen Populationen (Abb. 1-3) und den bisherigen Beobachtungen zu klaren Ergebnissen: Die Formeln von Bach 1965 beruhen auf Frauen ungewöhnlicher Körperproportionen und führen folglich im Vergleich der Formeln zu problematischen Ergebnissen. Auch die Referenzpopulation, die Telkkä 1950 benutzte, weicht gemeinsam mit der jüngst benutzten Stichprobe aus Westerhus (Maijanen / Niskanen 2009) von unseren mitteleuropäischen archäologischen Serien deutlich ab, was ihre zumindest für die Frauen ebenfalls etwas weniger geeigneten Schätzungen erklärt. In geringem Ausmaß gilt dies auch für die Serie von Olivier u.a. 1978 mit Frauen von eher ungewöhnlichen Proportionen. Damit destillieren sich erneut vier Ansätze als für unsere Zwecke besser geeignet heraus: Pearson 1899, Trotter / Gleser 1952 ‚*White*‘, Trotter / Gleser 1952 ‚*Negro*‘ sowie Formicola u.a. 1996. Betrachtet man die Abbildungen bei Schmidt u.a. 2007,[180] erkennt man die hohe Gleichläufigkeit dieser Schätzungen in den Abweichungen: an allen drei wesentlichen Langknochen - Humerus, Femur und Tibia - weichen für Männer und Frauen gleichermaßen die Formeln von Pearson nach unten ab, Trotter / Gleser 1952 ‚*White*‘ nach oben und Trotter / Gleser 1952 ‚*Negro*‘ mittelnd weniger nach oben. Wobei uns zunächst nicht die Größe der Abweichung als entscheidend erscheint, sondern vielmehr der Umstand, dass sie jeweils für beide Geschlechter und alle drei Langknochen gleich erfolgt.

In ihren umfangreichen Aufsätzen von 1952 und 1958 haben Trotter und Gleser betont, dass eine exakte Schätzung der Körperhöhe auf Regressionsgleichungen beruhen solle, die aus einer möglichst adäquaten, d.h. ähnlichen Referenzserie abgeleitet sein solle. Die neuen Studien von Raxter u.a. 2008, Vercellotti u.a. 2009 und Maijanen / Niskanen 2009 zielen exakt in diese Richtung, in dem sie für Schätzungen von spezifischen Skeletten nun Modelle anbieten, die auf nahe verwandten Referenzserien beruhen. Wir bezweifeln, dass dieses theoretisch einleuchtende Modell in der Praxis für unsere Fragestellung, die auf einen Populationsvergleich zielt, relevant ist. Den Grund für diese Zweifel legt über den Vergleich von Tab. 29-31 mit Abb. 1-3 hinaus das Streuungsdiagramm Abb. 4 dar, das den Femoro-Tibial-Index (FTI) und Femoro-Humeral-Index

---

180 Schmidt u.a. 2007a, Abb. 4 - 9.

(FHI) zueinander aufträgt,[181] also auf jene drei Langknochen zielt, die bevorzugt in die Schätzformeln eingehen. Wir bilden die beiden Indizes ab, wie sie sich für die Mittelwerte der Skelettpopulationen darstellen.

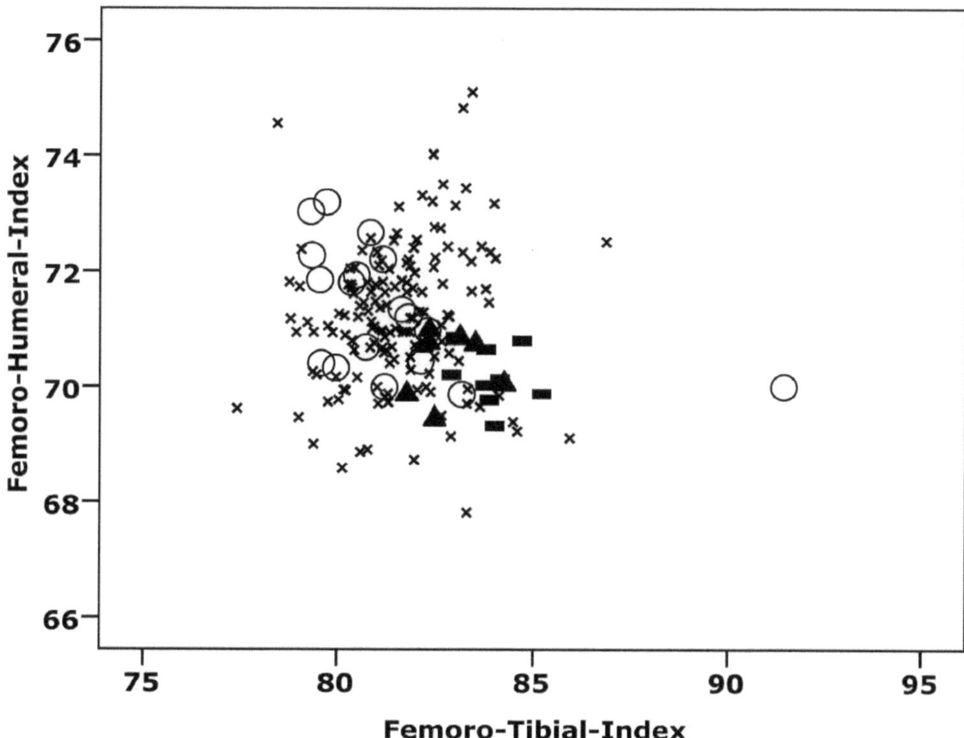

Abb. 4: Streuungsdiagramm des Femoro-Tibial-Index (FTI) und Femoro-Humeral-Index (FHI) für die gängigen Referenzpopulationen und unsere ur- und frühgeschichtliche Stichprobe (Mittelwerte). O Europäische Referenzserien und ‚*American White*‘; ▲ Referenzserien zu ‚*American Negro*‘; ■ archäologische Populationen Ägypten und Vorderer Orient (Kap. 11.1.10); ✖ archäologische Populationen Neolithikum bis Moderne Mitteleuropa (Kap. 11.1.1-8). Bei der isolierten Serie rechts mit hohem FTI-Wert handelt es sich um die Frauen der Population Bach 1965.

---

181 Das Diagramm weist pro Serie jeweils getrennt Männer und Frauen nach, d.h. jede Serie erscheint mit 2 Punkten.

Tendenziell finden wir die modernen ‚*American White*‘ gemeinsam bei etwas niedrigeren Werten des FTI und etwa höheren Werten des FHI, und umgekehrt die ‚*American Negro*‘ bei höheren Werten des FTI und niedrigeren Werten des FHI. Dort nahe den ‚*American Negro*‘ liegen auch jene Populationen aus Ägypten und dem Vorderem Orient, die wir zu Vergleichszwecken mit aufgenommen haben; unsere Beobachtung entspricht den Ergebnissen der Studie von Raxter u.a. 2008, nach der ihre neuen Schätzformeln für Ägypter genauer seien als andere, unter den Standardformeln jedoch diejenigen nach Trotter / Gleser 1952 ‚*Negro*‘ ihren Ergebniserwartungen am nächsten kommen.

Wie Abb. 1-4 und Tab. 29-31 sowie Tab. 32-34 im Vergleich zeigen, umspannen bei den hier aufgrund von Individualdaten näher untersuchten Populationen und den ur- und frühgeschichtlichen Sammelserien die entscheidenden Indizes praktisch das gesamte Spektrum der Referenzserien.[182] Die Variation innerhalb einer archäologischen Population ist in der Regel größer als die Unterschiede zwischen den Referenzserien. Folglich kann die Suche nach der einen optimalen Formel zwar auf Individualniveau erfolgreich sein, nicht aber für eine Population als Ganze.

---

182 Wir tabellieren hier ohne Differenzierung nach Männern und Frauen, da es hinsichtlich des Geschlechts innerhalb der Populationen keine signifikanten Unterschiede gibt, was wir mit t-Tests abgesichert haben. - Weitere interessante Beobachtungen zur Variabilität der prähistorischen Populationen bei Gallagher u.a. 2009.

Femoro-Tibial-Index	n	$\bar{x}$	Std.abw.
Augsburg	118	80,0	2,5
Linz	17	79,5	1,5
Neuburg /Donau	65	80,4	2,5
Stettfeld	15	81,2	2,2
Eichstetten	43	83,1	3,1
Mannheim	142	80,9	3,0
Munzingen	9	81,4	1,5
Oerlingen	10	80,7	2,5
Ried-Mühlehölzli	34	80,9	2,7
Sontheim	20	81,6	2,8
Stetten	32	81,1	2,7
Westerhus	132	79,5	2,1
Tomils	192	79,4	2,6
Basel-St. Johann	205	80,8	3,1

Tab. 32: Populationsmittelwerte des FTI für die hier näher beleuchteten archäologischen Serien.

Femoro-Humeral-Index	n	$\bar{x}$	Std.abw.
Augsburg	113	69,8	2,1
Linz	18	69,5	2,2
Neuburg /Donau	59	71,3	2,2
Stettfeld	13	70,1	1,5
Eichstetten	30	70,9	1,8
Mannheim	112	70,5	2,3
Munzingen	16	70,4	1,5
Oerlingen	7	70,2	1,8
Ried-Mühlehölzli	42	70,0	2,1
Sontheim	24	71,2	1,8
Stetten	22	70,3	2,3
Westerhus	130	72,4	1,8
Tomils	201	70,8	2,5
Basel-St. Johann	187	71,0	2,9

Tab. 33: Populationsmittelwerte des FHI für die hier näher beleuchteten archäologischen Serien.

Humero-Radial-Index	n	$\bar{x}$	Std.abw.
Augsburg	108	76,8	2,6
Linz	16	76,9	3,0
Neuburg /Donau	60	76,3	2,6
Stettfeld	14	78,8	1,9
Eichstetten	27	76,6	2,4
Mannheim	92	76,1	2,6
Munzingen	8	77,0	2,5
Oerlingen	8	78,7	4,0
Ried-Mühlehölzli	38	77,3	2,3
Sontheim	16	75,2	2,7
Stetten	22	78,3	2,0
Westerhus	127	75,5	2,2
Tomils	204	76,4	3,2
Basel-St. Johann	179	74,3	3,9

Tab. 34: Populationsmittelwerte des HRI für die hier näher beleuchteten archäologischen Serien.

7. Schlussfolgerungen für die Auswahl geeigneter Schätzformeln

7.1 Welche Formel?

Die Untersuchung der Körperproportionen unserer Populationen zeigt auf, dass die Mittelwerte der Indizes zwischen den Populationen nicht stark differieren, die Streuung innerhalb der Populationen jedoch beträchtlich ist. Bildet man aus den Mittelwerten plus eine Standardabweichung und minus eine Standardabweichung jene Spanne, innerhalb derer ca. zwei Drittel aller Individuen liegen (Tab. 32-34), erstreckt sich diese Spanne jeweils über fast alle Mittelwerte der Referenzpopulationen (Tab. 29-31). Würde man der These der optimalen Referenzpopulation und der optimalen Schätzformel folgen, müsste man demnach nicht nur zwischen verschiedenen Populationen ggf. andere Entscheidungen treffen, sondern vor allem innerhalb einer Population manche Individuen eher etwa nach Trotter / Gleser 1952 ‚*White*‘ schätzen, andere nach Trotter / Gleser 1952 ‚*Negro*‘. Dies wäre in einem Anwendungsfall forensischer Zielsetzung für ein einzelnes Individuum sicherlich eine vernünftige Entscheidung, um individuell die höchstmögliche Richtigkeit zu erreichen. In unserem Fall mit der Zielsetzung eines vergleichenden Arbeitens muss die Lösung anderweitig gesucht werden. Immerhin macht der Vergleich unserer Gräberfelder mit den Indizes der Referenzserien deutlich, dass die Serien von Bach 1965 (♀), Telkkä 1950 und Maijanen / Niskanen 2009 eher im Randbereich unserer Gräberfelder angesiedelt sind und somit für die Mehrheit unserer Individuen sicher nicht optimal sind. Die Schätzungen nach Sjøvold 1990 und nach Feldesman u.a. 1990 liefern meist recht hohe Werte und vor allem hohe Standardabweichungen; zudem sind sie nach Feldesman u.a. 1990 nur da möglich, wo ein Femur gemessen werden konnte, was stets zu einer Reduktion der bestimmbaren Individuen führt.

Unlängst haben Monica Gianecchini und Jacopo Moggi-Cecchi (2008) ein ähnliches Anliegen verfolgt. Sie wollten viele Populationen aus Mittelitalien diachron von der Eisenzeit bis ins Mittelalter vergleichen und haben für die Frage nach der optimalen Schätzung zunächst ebenfalls verschiedene Formeln herangezogen. Sie wendeten die Formeln jeweils auf jeden einzelnen Knochen eines Individuums an und ermittelten dann, welche Formeln pro Individuum ähnlichere oder stärker divergierende Ergebnisse

74

erbringen.[183] Danach wählten sie die Berechnung nach Pearson 1899 aus, als gute und erwägenswerte Alternative stellen sie Trotter / Gleser 1952 ‚Negro‘ dar. Unsere Tabellen 24-27 lassen erkennen, dass dies auch hier eine gute Lösung ist. In Eichstetten (Tab. 28) liegen die *in-situ*-Messungen für Männer bei 170,5 cm, für Frauen bei 161,5 cm und lassen eine mittlere Körperhöhe von um 167/168 cm für Männer, um 158/159 cm bei Frauen erwarten; dieser Erwartung kommen die Formeln von Pearson 1899, Trotter / Gleser 1952 ‚Negro‘ und die zu letzteren sehr ähnlichen Schätzungen nach Raxter u.a. 2008 besonders nahe. Unter den neueren Vorschlägen erscheinen die bislang selten verwendeten Schätzungen nach Formicola u.a. 1996 als gut geeignet, die auf einer Referenzpopulation von Neolithikern aus Mitteleuropa beruhen. Eine ähnliche Bewertung der Schätzformeln ergibt sich für die Daten von Rollet 1888 (Tab. 23), was zwar nicht überraschend, aber dennoch erwähnenswert ist. Für die kleine neolithisch-bronzezeitliche Population bei Schmidt u.a. 2007a (Tab. 25) ist zu bedenken, dass die dort ermittelten anatomischen Körperhöhen nach Fully gemäß den Untersuchungen von Raxter u.a. 2006 vermutlich noch um etwa 2,4 cm überschätzend, d.h. zu groß sind; wiederum sind die Schätzungen nach Pearson 1899, Trotter / Gleser 1952 ‚Negro‘ nahe am Ideal. Da derzeit nur allzu wenige gut geeignete Referenzserien mit anatomischen Körperhöhen nach einer verbesserten ‚Fully-Methode‘ vorliegen, bleibt für die Suche nach dem optimalen Weg stets ein Rest von Subjektivität. Wir empfehlen bis auf Weiteres folgenden Weg :

Man schätze die Körperhöhen nach Pearson 1899. Unter den Standardverfahren gehören die Ergebnisse nach Pearson 1899 nach allen zusammengetragenen Argumenten stets zu den besten. Wobei nicht nur die Richtigkeit ein Kriterium ist, sondern auch die Frage der Linearität über die ganze Strecke der Körperhöhen und die Frage der Verzerrung resp. Nicht-Verzerrung zwischen Männern und Frauen. Ähnlich gut wie Pearson 1899 schätzt für viele unserer Populationen offenbar Trotter / Gleser 1952 ‚Negro‘.[184]

---

183 Giannecchini / Moggi-Cecchi 2008 passim, mit einer Beschreibung des gebildeten Indexes p. 286 f. In dem dort zitierten Werk von Corrado Gini (1939) ist der ‚Gini-Index‘ nicht wirklich definiert, aber die bei Gianecchini / Moggo-Cecchi gegebene Beschreibung ist hinreichend, um seine Bildung zu verstehen.

184 Es geht mir rein um die Qualität der Formeln Trotter / Gleser 1952 ‚Negro‘ für unsere Fragestellung. Die biologische Erklärung für dieses durchaus interessante Ergebnis überlasse ich Berufeneren. Die höhere Richtigkeit der Formeln Trotter / Gleser ‚Negro‘ für prähistorische Populationen aus Europa wurde inzwischen mehrfach konstatiert (Formicola / Franceschini 1996; Formicola 2003).

Die Empfehlung pro Pearson 1899 beruht auch auf pragmatischen Überlegungen hinsichtlich möglicher Missgeschicke und Fehler. Trotter und Gleser fordern die Schätzung nach der optimalen Formel, d.h. bei hinreichender Erhaltung nach Femur und Tibia, resp. Femur und Tibia allein. Pearson empfahl - soweit möglich - alle zehn (!) Regressionen anzuwenden und deren Resultate zu mitteln. Kommt es in der Praxis durch kleine Messfehler, Übertragungsfehler o.ä. zu einer Fehlbestimmung für den einen wesentlichen Knochen, geht dieser Fehler im Ansatz Trotter / Gleser ggf. vollumfänglich in das Ergebnis über. Bei Pearson spielen die übrigen relevanten Knochen des Individuums ebenfalls eine Rolle, wodurch ein Fehler in seinen Auswirkungen gemildert würde. Von großer praktischer Bedeutung ist zudem, dass die Tibia bei den Schätzungen nach Trotter / Gleser 1952 eine relativ wichtige Rolle spielt; gerade dieser Langknochen ist jedoch beim vergleichenden Arbeiten wegen der unterschiedlichen und bisweilen nicht hinreichend klar definierten Messstrecken etwas problematisch.[185] Insgesamt ist daher das Schätzen nach Pearson 1899 robuster.

Die Formeln nach Pearson 1899 neigen, wie in der Literatur häufiger bemerkt und auch hier Tab. 23 und Kap. 6.2-3 beobachtet, zu einer leichten Unterschätzung der Körperhöhe. Daher verfolgen wir zu Vergleichszwecken die Technik der kombinierten Schätzung weiter. Die drei für unsere mitteleuropäischen Populationen offenbar gut geeigneten Formeln Pearson 1899, Trotter / Gleser 1952 ,*Negro*' und Trotter / Gleser 1952 ,*White*' gleichen sich hier ein wenig aus, Erstere unterschätzt leicht, Letztere überschätzt. Die drei ihnen zugrunde liegenden unterschiedlichen Referenzserien decken hinsichtlich der Körperproportionen gemeinsam in etwa die übliche Variabilität unserer prähistorischen mitteleuropäischen Bevölkerungsgruppen ab (Abb. 4). Zudem zeigen die Tabellen (Tab. 12, 25-28), dass die kombinierte Schätzung in der Regel am geringsten zwischen Männern und Frauen verzerrt.

Dagegen lassen wir jene Formeln unberücksichtigt, die zwischen den Geschlechtern verzerrend wirken (Breitinger / Bach, Telkkä 1950, Maijanen / Niskanen 2009), und solche, die offenbar recht gut sind, aber zu den traditionellen Ansätzen sehr ähnliche Ergebnisse liefern (Raxter u.a. 2008) sowie die Formeln von Sjøvold 1990 (und Feldesman u.a. 1990), deren Ergebnisse meist nahe an Trotter / Gleser 1952 ,*White*' liegen, jedoch unter allen Formeln in der Regel zu den höchsten Standardabweichungen führen.[186] Einen interessanten Vergleich zu dem hier verfolgten Weg der kombinierten

---

185 Vgl. auch Jantz u.a. 1994.

186 Zum gleichen Ergebnis kommen Giannecchini / Moggi-Cecchi 2008, insbes. 288 Tab. 2.

Schätzung bieten die Formeln von Formicola / Franceschi 1996, die bisher selten angewendet wurden, obwohl sie für prähistorische Populationen aus Mitteleuropa offenbar gute Ergebnisse liefern.

7.2 Schätzungen nach Populationsmittelwerten

Da Individualdaten nur selten publiziert werden, ist es für umfassende vergleichende Untersuchungen nötig, auch auf Populationsmittelwerte der Langknochenmaße zurückzugreifen, denn diese werden häufiger publiziert. Möchte man andere Schätzformeln als die Erstbearbeiter anwenden, können daran eigene Neuberechnungen auf Populationsniveau vorgenommen werden. Dabei entfallen die multiplen Regressionsgleichungen, die zugleich mehr als einen Knochen berücksichtigen, d.h. es sind die Schätzungen für die Einzelknochen zu verwenden und zu Mittelwerten zusammenzuziehen. Da in der Regel die einzelnen Knochen in deutlich unterschiedlicher Frequenz überliefert sind, sollten die nach Knochenhäufigkeit gewichteten Mittelwerte errechnet werden. Leider scheint es üblich zu sein, die Populationsmittelwerte auf Basis der einzelnen Knochen zu errechnen; richtig wäre es, zunächst die Knochen - ggf. paarig - zu Individuen zusammenzuziehen und dann erst Häufigkeiten und Populationsmittelwerte zu bilden. Sind keine Individualdaten publiziert, kann dieser kleine Mangel nicht korrigiert werden.

7.3 Vorschlag für eine Korrektur von publizierten Schätzungen nach Breitinger und Bach

In manchen Veröffentlichungen fehlen die individuellen Langknochenmaße, jedoch wird zu den Individuen neben Alter und Geschlecht auch die geschätzte Körperhöhe angegeben, wobei in der deutschsprachigen Literatur meist die Körperhöhe nach Breitinger und Bach mitgeteilt wird. Diese Schätzungen verzerren Frauen und Männer in ungleicher Weise, betonen den Geschlechtsdimorphismus und machen kleine Individuen noch kleiner. Um dies zu verdeutlichen, vergleichen wir in Abb. 5 und 6 die Körperhöhenschätzungen exemplarisch anhand unserer umfangreichsten Serie, Mannheim-Vogelstang (Kap. 5.3.2). In Abb. 5 sind die Schätzungen nach Pearson 1899 der gemittelten Schätzung gegenübergestellt, in Abb. 6 erfolgt der Vergleich zu den Schätzungen nach Breitinger und Bach. Im Vergleich wird deutlich, dass die Schätzungen für die Frauen nach Bach (1965) zum Teil deutlich von den übrigen Schätzungen abweichen. Vor allem ist erkennbar, dass in Abb. 6 eine hypothetische mittelnde Gerade für Männer und Frauen nicht die gleiche Steigung hat; tatsächlich große Frauen werden nach Bach kleiner geschätzt, und tatsächlich kleine Frauen werden relativ groß geschätzt, die Formeln haben also eine hinsichtlich der Geschlechter verzerrende Wirkung.

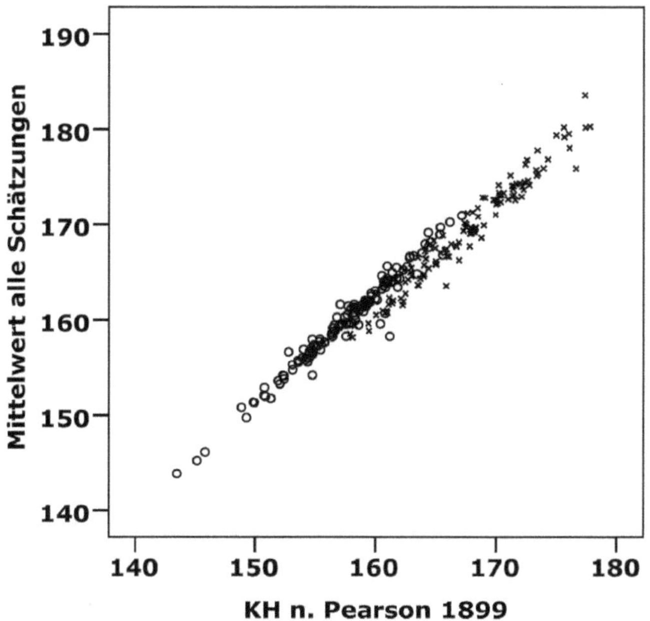

Abb. 5: Streuungsdiagramm der Schätzungen nach Pearson 1899 und der gemittelten Schätzungen für Mannheim-Vogelstang (Kap. 5.3.2). O: Frauen, X: Männer.

Für vergleichende Untersuchungen ist daher trotz der im deutschen Sprachraum häufigen Verwendung der Schätzungen nach Breitinger / Bach eine Anpassung anderer Schätzungen an dieses Modell nicht sinnvoll. Vielmehr wollen wir umgekehrt eine Regressionsformel vorschlagen, nach der wir Körperhöhen nach Breitinger und Bach in Schätzungen umrechnen, die mit anderen Populationen besser vergleichbar sind. Selbstverständlich ist dies keinesfalls der optimale Weg, sondern nur ein Behelf in Richtung auf eine bessere Vergleichbarkeit der Resultate.

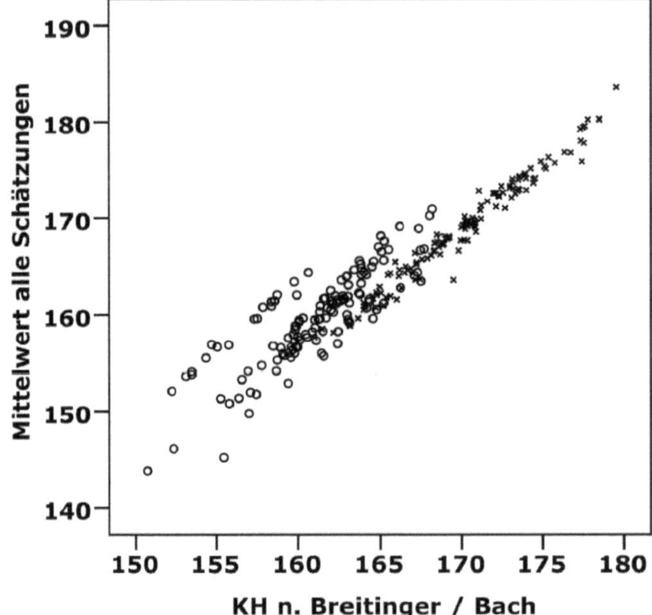

Abb. 6: Streuungsdiagramm der Schätzungen nach Breitinger / Bach und der gemittelten Schätzungen für Mannheim-Vogelstang (Kap. 5.3.2). O: Frauen, X: Männer.

Grundlage für die Ermittlung einer Regressionsformel sind die von Breitinger und Bach vorgestellten Tabellen, die wir als ihre Modellpopulation nehmen.[187] Wir fassen jede Körperhöhe dort als Individuum auf, und errechnen anhand der dazu mitgeteilten Knochenmasse die Körperhöhen nach Pearson 1899 sowie nach der kombinierten Schätzung. Eine anschließend durchgeführte Regressionsrechnung führt zu den in Tab. 35 dargelegten Beziehungen.

---

187 Breitinger 1937, 227; Bach 1965, 18.

Nr.	Geschlecht	Formel
(1)	♂	geschätzte KH Pearson 1899 = Bach/Breitinger * 1,184 - 34,373
(2)	♀	geschätzte KH Pearson 1899 = Bach/Breitinger * 1,471 - 80,808
(3)	♂	KH komb. Schätzung = Bach/Breitinger * 1,302 - 52,821
(4)	♀	KH komb. Schätzung = Bach/Breitinger * 1,669 - 109,626

Tab. 35: Regressionsformeln zur Überführung von Schätzungen nach Breitinger und Bach in die hier empfohlenen Schätzungen nach Pearson 1899 und die kombinierte Schätzung.

Nach der Umrechnung verhalten sich beide Schätzungen ideal 1 : 1. Eine Aussage über die Qualität des Ergebnisses ergibt sich nur auf anderem Weg. Wir fassen die hier näher verfolgten merowingerzeitlichen Populationen zu einer großen Sammelserie zusammen, und schätzen aus den Knochenmaßen die Körperhöhen nach Breitinger / Bach, Pearson 1899 sowie die kombinierte Schätzung, und leiten zugleich über die obige Regression aus der Körperhöhe nach Breitinger / Bach Schätzungen für Pearson und die kombinierte Schätzung ab. Es ergeben sich die in Tabelle 36 dargelegten Verhältnisse zwischen den direkten Schätzungen sowie der Regression über Breitinger / Bach.

Vergleich direkte Schätzung zur Regression über Breitinger / Bach		Männer	Frauen
		n = 376	n = 346
Pearson 1899	Korrelationskoeffizient *Signifikanz*	0,980 *0,000*	0,847 *0,000*
	Differenz direkt / indirekt	x̄ 0,10 cm ±0,97	x̄ 0,80 cm ±2,92
kombinierte Schätzung	Korrelationskoeffizient *Signifikanz*	0,971 *0,000*	0,834 *0,000*
	Differenz direkt / indirekt	x̄ -0,04 cm ±1,31	x̄ -0,32 cm ±3,45

Tab. 36: Vergleich zwischen den direkten Schätzungen für die Sammelserie aus den Populationen Kap. 5.3 und den Werten, die sich ergeben, wenn zunächst nach Breitinger und Bach geschätzt und dann die Formeln Tab. 35 angewendet werden.

Nach Tab. 36 ist der Zusammenhang zwischen beiden Ansätzen hoch, für Männer stärker als für Frauen. Die Abweichung zwischen den direkten Schätzungen und den Schätzungen über den Umweg Breitinger / Bach plus Regression hat bei den Männern eine Standardabweichung von um 1 cm, bei den Frauen von um 3 cm. Damit dürften die Sicherheit resp. die Grenzen dieses Wegs erfasst sein, der in den geschilderten Ausnahmefällen zu richtigeren, aber weniger präzisen Daten führt.

Diese Einschätzung des Fehlers betrifft Körperhöhenschätzungen für Individuen. Wenn man Populationsmittelwerte vergleichbar machen möchte, sind die Schätzungen nach Tab. 35 stabiler. Wie eine Statistik für die hier diachron zusammengestellten Populationsmittelwerte zeigt (Tab. 37), liegt die Standardabweichung dann bei etwas über 1 cm und damit in einem vertretbaren Bereich.

	Männer	Frauen
Differenz geschätzt - errechnet	0,65 cm	1,91 cm
Std.abw.	1,12	1,26

Tab. 37: Vergleich für die diachrone Serie von Populationsmittelwerten (Kap. 8) zwischen dem Mittelwert der Körperhöhen nach Pearson 1899 und der Schätzung via Regression (Tab. 35) aus den Mittelwerten nach Breitinger / Bach.

8. Die Entwicklung vom Neolithikum bis zur Moderne

8.1 KÖRPERGRÖßE

Nach all' diesen Vorbereitungen erlauben es uns die hier zusammengetragen Populationsmittelwerte, auf einer recht konsistenten Grundlage den Trend über die Epochen der mitteleuropäischen Ur- und Frühgeschichte aufzuzeigen und damit die Merowingerzeit in einen weiteren Kontext zu stellen (Tab. 38, Abb. 7-8).

	Männer		Frauen	
	$\bar{x} \pm$ sd	Median u. IQR	$\bar{x} \pm$ sd	Median u. IQR
Neolithikum (5300-2000 v. Chr.)	163,5 ± 1,6	163,3 (161,8 - 164,7)	151,5 ± 2,2	151,3 (150,0 - 152,8)
Bronzezeit (2000 - 750 v. Chr.)	165,2 ± 1,3	164,8 (164,1 - 166,5)	153,6 ± 1,1	153,8 (152,6 - 154,6)
Eisenzeit (750 - 20 v. Chr.)	166,1 ± 0,9	165,8 (165,2 - 167,1)	155,9 ± 2,1	155,1 (154,5 - 157,2)
römische Epoche (20 v. - 450 n. Chr.)	165,5 ± 1,7	164,7 (164,3 - 166,9)	153,3 ± 1,2	153,4 (152,2 - 154,6)
Frühmittelalter (450 - 700 n. Chr.)	167,9 ± 1,6	167,9 (167,0 - 169,0)	156,2 ± 2,4	156,5 (154,5 - 157,5)
Karolingerzeit (8.-10. Jh.)	167,3 ± 2,3	167,0 (165,5 - 168,2)	155,4 ± 2,3	154,8 (153,9 - 157,0)
Mittelalter (11.-15. Jh.)	166,3 ± 1,9	165,9 (164,9 - 167,2)	154,7 ± 2,1	154,2 (153,1 - 156,1)
Neuzeit (16.-18. Jh.)	167,8 ± 1,3	168,0 (166,5 - 168,7)	155,3 ± 0,8	155,8 (154,3 - 155,9)
Moderne (2.H. 19. - 20. Jh.)	167,6 ± 2,4	166,9 (165,6 - 169,3)	155,7 ± 2,2	155,5 (153,5 - 158,1)

Tab. 38: Diachrone Entwicklung der Körperhöhe (nach Pearson 1899) in Mitteleuropa vom Neolithikum bis zur Moderne.

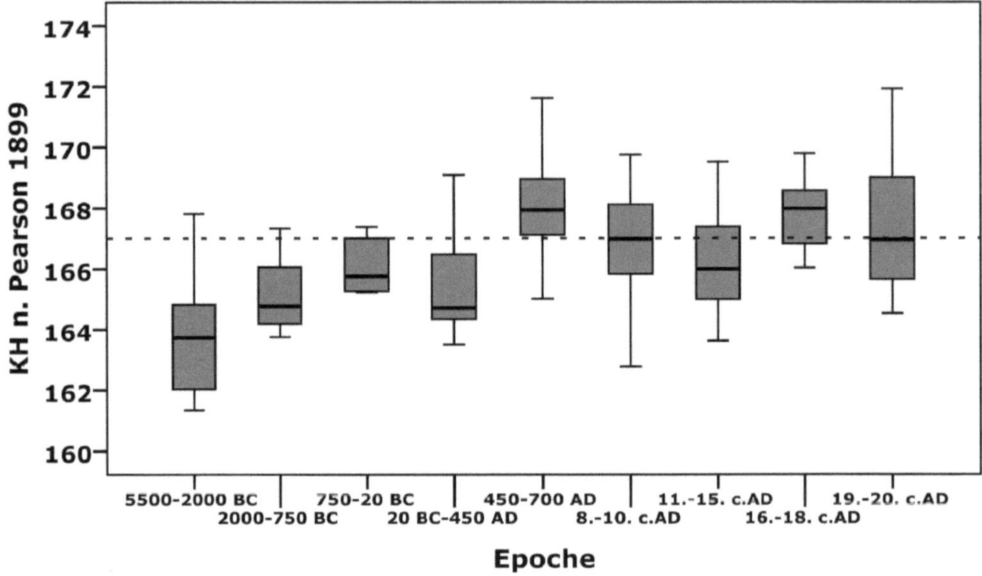

Abb. 7: Die diachrone Entwicklung der Körperhöhe der Männer (nach Pearson 1899) in Mitteleuropa vom Neolithikum bis zur Moderne. Dargestellt ist der epochenspezifische Median (dicke Linie) und der Interquartilabstand (IQR, Kästchen), der die Spanne angibt, in die 50 Prozent aller Populationen dieser Epoche fallen. Zwischen den t-förmigen ‚Antennen' (‚*whisker*') liegen 95 % aller Fälle. Zur Orientierung ist der diachrone Mittelwert von ca. 167 cm als Querlinie eingetragen.

Danach wurden die Mitteleuropäer vom Neolithikum bis zur Eisenzeit signifikant größer, doch der Unterschied ist im Mittel mit etwa 2,5 cm bei Männern und 4,5 cm bei den Frauen nicht hoch. Die hier näher verfolgten, zwölf spätantiken und merowingerzeitlichen Serien (Kap. 5.1.1 - 5.3.7) zeigen eine mittlere populationsinterne Standardabweichung der Körperhöhen von ± 4,5 cm.[188] Demnach fallen populationsintern zwei Drittel aller Individuen in eine Spanne von 9 cm, bzw. ca. 95 % aller Individuen in eine Spanne von etwa 18 cm. Dies verdeutlicht, viel stark die populationsinterne Variabilität im Vergleich zum diachrone Trend ist. Innerhalb der Spanne vom Neolithikum bis zum Frühmittelalter erkennen wir einen Sprung von plus 2 cm zwischen Neolithikum und Bronzezeit, ein weiteres Wachstum von plus 1 - 2 cm zur Eisenzeit und anschließend eine leichte Stagnation zur römischen Epoche.

---

188 Nach Populationsumfang gewichteter Mittelwert der Standardabweichung aus allen zwölf Populationen für die Schätzungen nach Pearson 1899 bei den Männer 4,64 cm, bei den Frauen 4,48 cm.

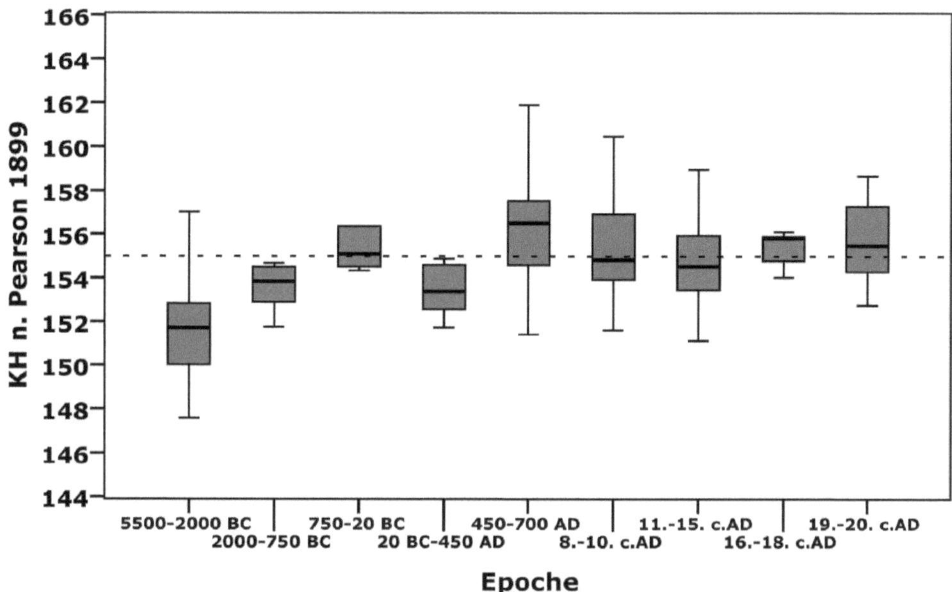

Abb. 8: Die diachrone Entwicklung der Körperhöhe der Frauen (nach Pearson 1899) in Mitteleuropa vom Neolithikum bis zur Moderne. Darstellung wie Abb. 7; zur Orientierung ist der diachrone Mittelwert von ca. 155 cm als Querlinie eingetragen.

Die frühmittelalterlichen Populationen erreichten dann mit im Mittel 168 cm bei den Männern und 156 cm bei den Frauen die höchste Körpergröße der Ur- und Frühgeschichte, danach wurden die Menschen über die Karolingerzeit bis zum Mittelalter wieder um etwa 1,5 bis 2 cm kleiner. Erst in der Neuzeit wurde die Körpergröße der Merowingerzeit wieder erreicht.

Diese Schilderung des diachronen Trends und der Größenordnung der Veränderungen entspricht andernorts erreichten Ergebnissen. Die vergleichende Studie für Italien von Giannecchini und Moggi-Cecchi (2008) hat dort ebenfalls über die Zeit Unterschiede in der Größenordnung von etwa 3 cm aufgezeigt, wobei die Körpergrößen in der römischen Epoche auch hier eher niedrig lagen.[189] Für die Niederlande hat Maat (2005) die Entwicklung zwischen Römerzeit und Moderne aufgezeigt; auch hier zeigt sich die Tendenz, dass die Körpergröße seit der Merowingerzeit bis ins 18. Jahrhundert abnahm.[190]

---

189 Giannecchini / Moggi-Cecchi 2008, 291 Abb. 2.

190 Maat 2005, insbes. 280 Abb. 2.

Männer	komb Schätzung.	Pearson 1899	Breitinger / Bach	Tr./Gl. ‚White'	Tr./Gl. ‚Negro'
Neolithikum (5300-2000 v. Chr.)	163,5 ±1,8	163,5 ±1,6	166,7 ±1,4	165,5 ±2,1	161,6 ±1,8
Bronzezeit (2000 - 750 v. Chr.)	165,5 ±1,4	165,2 ±1,3	168,4 ±1,2	167,7 ±1,6	163,5 ±1,3
Eisenzeit (750 - 20 v. Chr.)	166,0 ±0,7	166,1 ±0,9	168,7 ±0,9	167,8 ±0,8	164,1 ±0,7
römische Epoche (20 v. - 450 n. Chr.)	165,6 ±1,9	165,5 ±1,7	168,4 ±1,5	167,6 ±2,0	163,7 ±1,9
Frühmittelalter (450 - 700 n. Chr.)	168,2 ±1,8	167,9 ±1,6	170,9 ±1,5	170,5 ±2,1	166,2 ±1,9
Karolingerzeit (8.-10. Jh.)	167,7 ±2,5	167,3 ±2,3	170,2 ±2,2	170,0 ±2,8	165,7 ±2,5
Mittelalter (11.-15. Jh.)	166,6 ±2,0	166,3 ±1,9	169,3 ±1,9	168,7 ±2,2	164,7 ±2,0
Neuzeit (16.-18. Jh.)	168,3 ±1,5	167,8 ±1,3	170,7 ±1,2	170,4 ±1,6	166,6 ±1,6
Moderne (2.H. 19. - 20. Jh.)	167,8 ±2,6	167,6 ±2,4	170,5 ±2,1	170,3 ±2,8	165,6 ±2,5

Tab. 39: Diachrone Entwicklung der Körperhöhe der Männer: Vergleich der Mittelwerte nach verschiedenen Standardformeln.

Im Vergleich zu älteren Thesen erweist sich der diachrone Trend als erstaunlich gering. Die Unterschiede, die durch die Anwendung verschiedener Schätzformeln entstehen, sind größer als die zeitliche Entwicklung. Daher sind valide Aussagen zum zeitlichen Trend nur auf der Basis von Schätzungen mit identischen Formeln möglich. Im Vergleich zum diachronen Trend sind die populationsinternen Unterschiede groß, die wesentliche Variabilität der Körpergröße ist demnach individuell. Damit dürfte die populationsinterne Variabilität und der Vergleich zeitgleicher Populationen ein guter Gradmesser für den relativen Lebensstandard von Individuen und Populationen sein.

Frauen	komb Schätzung.	Pearson 1899	Breitinger / Bach	Tr./Gl. ‚White'	Tr./Gl. ‚Negro'
Neolithikum (5300-2000 v. Chr.)	151,4 ±2,5	151,5 ±2,2	157,3 ±1,7	152,8 ±2,9	149,9 ±2,4
Bronzezeit (2000 - 750 v. Chr.)	153,6 ±1,2	153,6 ±1,1	158,8 ±0,7	155,4 ±1,4	151,7 ±1,2
Eisenzeit (750 - 20 v. Chr.)	156,1 ±2,3	155,9 ±2,1	161,0 ±2,3	157,9 ±2,3	154,4 ±2,6
römische Epoche (20 v. - 450 n. Chr.)	153,3 ±1,4	153,3 ±1,2	158,4 ±1,0	154,8 ±1,6	151,7 ±1,5
Frühmittelalter (450 - 700 n. Chr.)	156,6 ±2,6	156,2 ±2,4	160,9 ±1,7	158,6 ±3,1	155,0 ±2,3
Karolingerzeit (8.-10. Jh.)	155,6 ±2,7	155,4 ±2,3	160,2 ±2,0	157,6 ±3,1	153,9 ±2,8
Mittelalter (11.-15. Jh.)	154,8 ±2,4	154,7 ±2,1	159,7 ±1,8	156,7 ±2,8	153,1 ±2,4
Neuzeit (16.-18. Jh.)	155,7 ±1,0	155,3 ±0,8	160,2 ±0,6	157,5 ±1,2	154,3 ±1,1
Moderne (2.H. 19. - 20. Jh.)	155,9 ±2,5	155,7 ±2,2	160,4 ±1,6	157,9 ±3,1	153,9 ±2,4

Tab. 40: Diachrone Entwicklung der Körperhöhe der Frauen: Vergleich der Mittelwerte nach verschiedenen Standardformeln.

Um den Vergleich von einzelnen Serien, die nach einer anderen Standardformel als Pearson 1899 geschätzt wurden, mit dem hier dargestellten diachronen Trend zu vereinfachen, werden in Tab. 39-40 die Mittelwerte für die Epochen auch nach anderen Schätzformeln wiedergegeben.

Unsere Studie zum diachronen Vergleich setzt erst mit dem Neolithikum ein, da die Datenlage für die davor liegende Zeit ungleich schwieriger ist. Eine punktuelle Recherche zum vor-neolithischen Holozän erbringt uneinheitliche Ergebnisse. Bei der gut untersuchten mesolithischen Population von Moita (Muge, Portugal) ergibt sich nach Pearson für Männer eine mittlere Körperhöhe von 161,3 cm, für Frauen von 152,0 cm,[191] sie wären also den nordalpinen, frühneolithischen Populationen sehr ähnlich. Demgegenüber sind die mesolithisch-frühneolithischen Toten aus Vlasač (Serbien) mit

---

191 Errechnet anhand der bei Ferembach 1974 mitgeteilten Populationsmittelwerte.

170,3 cm (♂) bzw. 158,9 cm (♀) ungewöhnlich groß.[192] Sie ähneln den jungpaläolithischen Menschen, deren Körpergröße bei 170,2 cm (♂) bzw. 154,1 cm (♀) lag.[193] Vom Frühen über das Späte Jungpaläolithikum zum Mesolithikum scheint es zu einer Verringerung der Körperhöhe gekommen zu sein.[194]

8.2 Geschlechtsdimorphismus

Seit dem Neolithikum war der Geschlechtsdimorphismus über die ganze Zeit hin weitgehend konstant. Männer waren im Mittel um knapp 12 cm größer als Frauen (Tab. 41).[195] Die eisenzeitlichen Serien weisen mit 10,2 cm einen geringeren Unterschied auf, was mit der vermutet hohen sozialen Stellung der Frauen in jener Epoche zusammenhängen könnte;[196] doch es bedarf mehr als der verfügbaren sechs Serien, um diese These zu erhärten. Bisweilen wird anstelle des beobachteten Unterschieds in Zentimetern auch ein Geschlechtsindex errechnet als Körperhöhe Männer / Körperhöhe Frauen; er liegt hier ohne besondere Auffälligkeiten nahe 1,08, was auch heutigen Verhältnissen entspricht.[197]

---

192 Errechnet nach Pearson 1899 anhand der Daten bei Nemeskéri / Szathmáry 1978.

193 Errechnet nach Pearson 1899 anhand der bei Feldesman u.a. 1990 zusammengestellten Femurlängen (Feldesman u.a. 1990, 367 Tab. 6); aus ihrer Tabelle wurden nur moderne Menschen (‚EAMHS') berücksichtigt.

194 Formicola / Giannecchini 1997, insbes. 322 Tab. 2.

195 Grundlage der Zahlen in Tab. 41 ist nicht die Differenz der Epochenmittelwerte aus Tab. 38, sondern die pro Population errechnete Differenz der Körperhöhe nach Pearson 1899.

196 z.B. Pauli 1972.

197 Mielke u.a. 2006, 268f. mit Tab. 10.1-2. Vgl. Haidle 1997, 91f. mit Vergleichen und weiterer Literatur (Index dort jedoch als Körperhöhe Frauen / Körperhöhe Männer berechnet).

man ein dauerhaftes langfristiges Sinken der Temperaturen, das sich erst in der unmittelbaren Vergangenheit wendet.

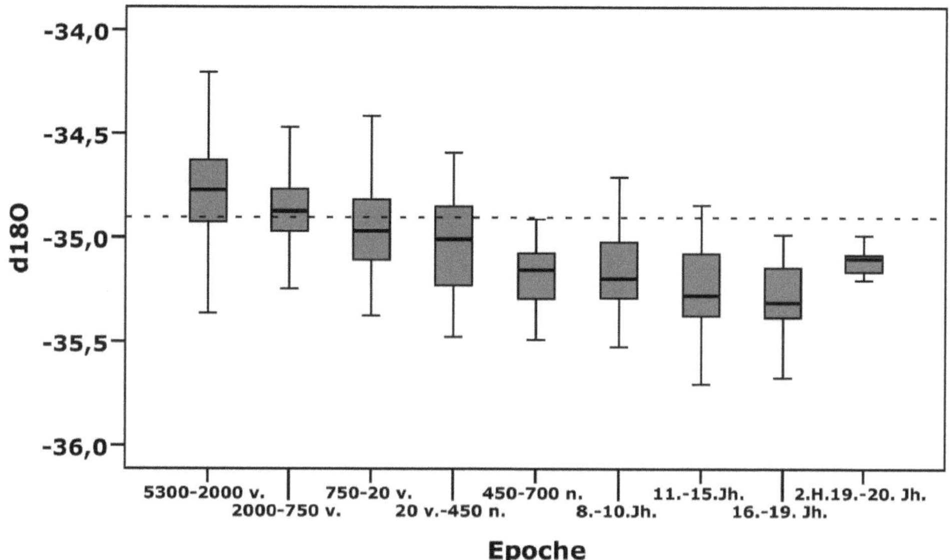

Abb. 9: Boxplot der δ^{18}O-Werte in den hier betrachteten Epochen. Die gestrichelte waagerechte Linie bei -34,92 signalisiert den Mittelwert im Zeitfenster 5300 v. Chr. bis 1950 n. Chr. Zur Darstellung vgl. Abb. 7-8.

(rechte Seite)

Abb. 10: Boxplot der δ^{14}C-Werte in den hier betrachteten Epochen. Die gestrichelte waagerechte Linie bei -0,74 signalisiert den Mittelwert im Zeitfenster 5300 v. Chr. bis 1850 n. Chr. Wegen der starken anthropogenen Effekte seit der Industriellen Revolution wird der jüngste Abschnitt von 1850 bis 1950 n. Chr. hier nicht dargestellt. Zur Darstellung vgl. Abb. 7.

Abb. 11: Boxplot des Homogenitätswertes des Baumwachstums (HG-Wert) in den hier betrachteten Epochen. Die gestrichelte waagerechte Linie bei 0,41 signalisiert den Mittelwert im Zeitfenster 5300 v. Chr. bis 1950 n. Chr. Zur Darstellung vgl. Abb. 7.

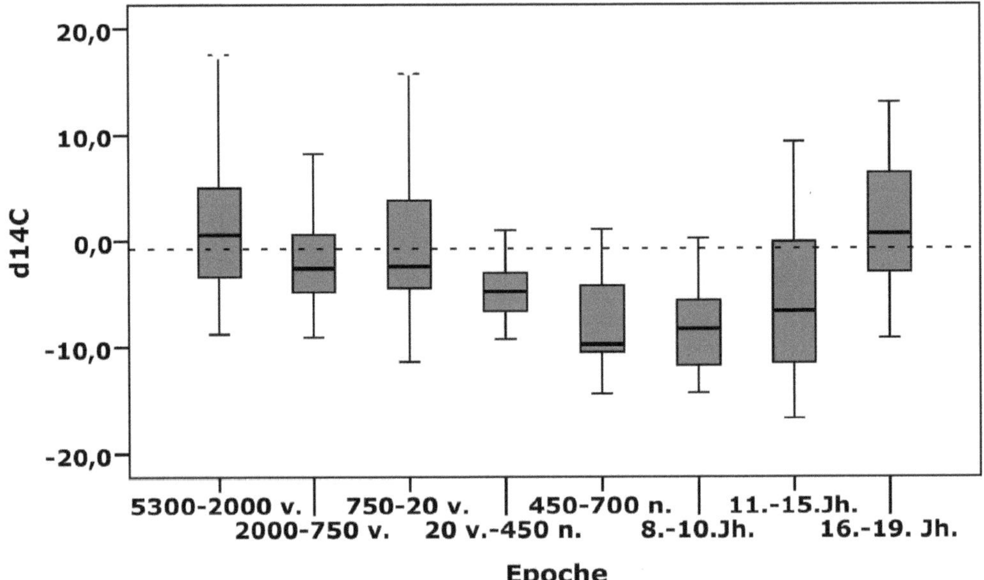

Abb. 10 *(Legende linke Seite)*.

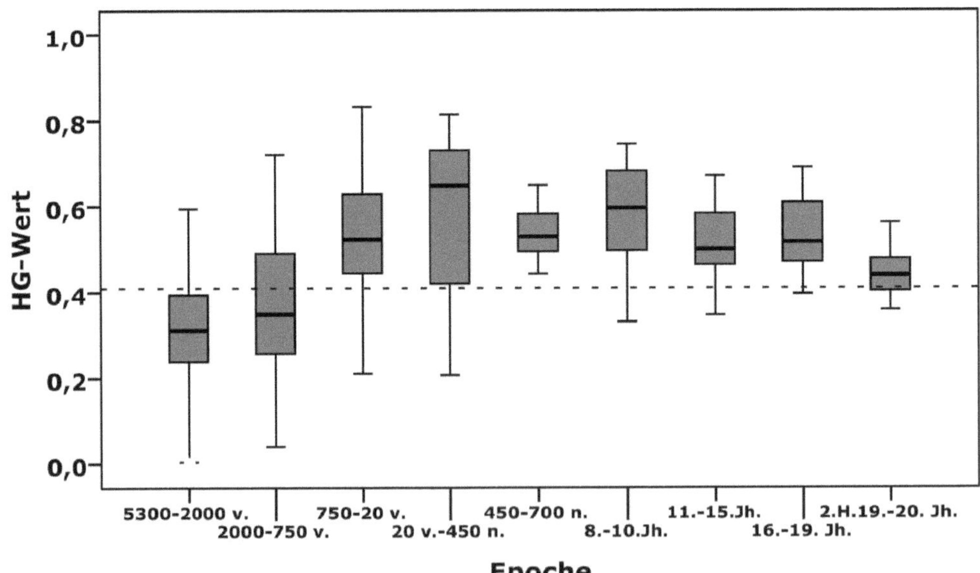

Abb. 11 *(Legende linke Seite)*.

	n	Männer - Frauen
Neolithikum (5300-2000 v. Chr.)	15	12,0 ± 1,6
Bronzezeit (2000 - 750 v. Chr.)	6	11,7 ± 0,9
Eisenzeit (750 - 20 v. Chr.)	6	10,2 ± 1,8
römische Epoche (20 v. - 450 n. Chr.)	13	12,2 ± 1,0
Frühmittelalter (450 - 700 n. Chr.)	43	11,8 ± 2,3
Karolingerzeit (8.-10. Jh.)	27	11,9 ± 1,4
Mittelalter (11.-15. Jh.)	21	11,7 ± 2,3
Neuzeit (16.-18. Jh.)	7	12,5 ± 0,9
Moderne (2.H. 19. - 20. Jh.)	7	11,3 ± 1,5
alle Epochen	145	11,8 ± 1,9

Tab. 41: Diachrone Entwicklung des Geschlechtsdimorphismus: mittlerer Unterschied zwischen Körperhöhe (nach Pearson 1899) der Männer und der Frauen auf Populationsniveau.

8.3 KÖRPERGRÖßE UND KLIMAENTWICKLUNG

In den vorindustriellen Gesellschaften Europas hängt die Ernährung sesshafter Menschen wesentlich von der Landwirtschaft ab. Mehrjährige Lagerhaltung und weiträumige Transporte von Nahrungsmitteln sind ein modernes Phänomen, das in der Ur- und Frühgeschichte Mitteleuropas allenfalls in der römischen Epoche eine für die Subsistenz wichtige Rolle spielte. Da die landwirtschaftliche Produktivität und damit die Ernährungslage wiederum stark von Wetter und Klima abhängt, liegt die Frage nach einem Zusammenhang von Klimaentwicklung und Körpergröße nahe.

Zur Klärung dieser Frage können verschiedene Klimaindikatoren herangezogen werden.[198] Als guter globaler Indikator gelten die an den grönländischen Eisbohrkernen ermittelten δ^{18}O-Werte, die die relative Entwicklung der Paläotemperatur über dem grönländischen Festlandeis widerspiegeln, darüber hinaus aber Aufschlüsse über die nördliche Erdhalbkugel insgesamt geben. Abbildung 9 fasst die Daten für die hier gebildeten Zeitabschnitte so zusammen, dass ein einfacher Vergleich mit dem Bild der Körperhöhen möglich ist (Abb. 7-8). In den hohen δ^{18}O-Werten des Neolithikums (5300-2000 v. Chr.) zeichnet sich noch das holozäne Klimaoptimum ab, danach erkennt

---

198 Zu den Klimaindikatoren ausführlicher: Sirocko 2009; Siegmund (*im Druck, a*).

Ein weiterer, gerade in archäologischem Zusammenhang viel verwendeter Indikator ist der relative ^{14}C-Gehalt der Erdatmosphäre (Abb. 10);[199] hier stehen hohe Werte für Zeiten verstärkter Sonnenaktivitäten. Als dritter Indikator kann das Wachstum der Baumringe herangezogen werden. Zeiten guten Baumwachstums zeichnen sich als Perioden ab, in denen sich die Bäume gemäß ihrer jeweiligen lokalen Bedingungen entwickelten, also sehr individuell und uneinheitlich; der hierfür verwendete Indikator ist eine niedrige Homogenität des Baumwachstums („HG-Wert"; Abb. 11). Dagegen steht eine hohe Homogenität des Baumwachstums für Perioden stark klimageprägter Jahre und Zeitabschnitte; sie werden in Mitteleuropa als Zeiten dominant kalt - kontinentaler Wetterlagen gedeutet. Alle drei Indikatoren (Abb. 9-11) zeigen an, dass es eine starke Entwicklung des Klimas vom Neolithikum bis zur Merowingerzeit gab, die nicht mit der Entwicklung der Körperhöhe einhergeht. Die Merowingerzeit als jener Abschnitt mit den höchsten Körpergrößen war wiederum keinesfalls eine klimatisch optimale Phase. Insgesamt spricht der Vergleich der drei Indikatoren (Abb. 9-11) mit der diachronen Entwicklung der Körpergröße (Abb. 7-8) eher gegen einen engen Zusammenhang. Offenbar wurden schon im Laufe des Neolithikums die technischen und sozialen Entwicklungen der menschlichen Gesellschaften bedeutender für ihre Ernährungslage als das Klima.

---

199 vgl. Sirocko 2009, 112 Abb. 18.8, 128 Abb. 22.8 und 137 Abb. 24.8.

9. Detailstudie Merowingerzeit

9.1 DIE KÖRPERGRÖßE DER ALEMANNEN, FRANKEN UND ROMANEN

Die auf dem Niveau der Individualdaten zur Merowingerzeit zusammengetragenen Populationen ermöglichen jenseits des globalen Trends nun eine Detailbetrachtung. Die nachfolgende Tabelle (Tab. 42) führt zunächst das Schätzergebnis nach den ethnischen Gruppen auf. Die Unterschiede sind gering und statistisch nicht signifikant (t-Test).

	Männer	*Frauen*
Merowingerzeit (alle)	167,9 cm ±1,7	156,2 cm ±2,4
- alemann. Gräberfelder	168,4 cm ±1,8	156,6 cm ±2,3
- fränkische Gräberfelder	167,2 cm ±1,2	155,4 cm ±3,1
- romanische Gräberfelder	167,2 cm ±1,2	155,3 cm ±1,4

Tab. 42: Mittlere Körpergröße im frühen Mittelalter, aufgeschlüsselt nach ihrer Bestattungssitte in alemannische, fränkische und romanische Gräberfelder. Schätzungen nach Pearson 1899.

Da die Ergebnisse der Schätzungen nach Pearson 1899 und der kombinierten Schätzung bei ganzen Populationen oder Gruppen jeweils sehr nahe beieinander liegen, wird hier und nachfolgend auf die parallele Dokumentation verzichtet und nur das Resultat nach Pearson 1899 aufgeführt. Wie Tabelle 42 zeigt, gibt es keine signifikanten Unterschiede zwischen alemannischen, fränkischen und romanischen Gräberfeldern.[200] Der Vergleich der einzelnen Populationen unterstreicht (Tab. 43), dass die Unterschiede zwischen den Gräberfeldern im Vergleich zur internen Variabilität klein sind. Innerhalb der Merowingerzeit lassen die gesammelten Serien keine als Ganze besonders kleine oder große Population erkennen. Der Befund ist bemerkenswert, da für das frühmittelalterliche England signifikante Unterschiede zwischen zeitgleichen Ethnien von etwa 3 bis 4 cm nachgewiesen sind.[201]

---

200 Die Zuweisung den Gruppen Alemannen, Franken und Romanen erfolgte nach den Ergebnissen in den jeweiligen Publikationen und deren Überprüfung in Siegmund 2000, insbes. 362 ff. Liste 1, 414 f. Liste 15 und 421 ff. Liste 18. In den Nachweisen Kap. 11.1 sind die Zuweisungen dokumentiert.

201 Zusammenfassend Härke 1992, 195-199.

	Männer	*Frauen*
Augsburg	164,3 cm ±4,4	153,1 cm ±4,0
Linz	163,1 cm ±4,8	153,9 cm ±4,5
Neuburg an der Donau	166,0 cm ±5,0	155,2 cm ±4,5
Stettfeld	166,8 cm ±4,4	154,3 cm ±4,8
Hemmingen - Horb - Pleidelsheim - Wyhl	169,1 cm ±3,7	157,6 cm ±3,3
Eichstetten	168,1 cm ±6,1	157,6 cm ±5,5
Mannheim-Vogelstang	167,2 cm ±4,9	157,5 cm ±4,3
Munzingen	168,4 cm ±3,7	155,7 cm ±3,9
Oerlingen	169,0 cm ±3,1	159,1 cm ±6,3
Ried - Mühlehölzli	166,5 cm ±4,9	155,3 cm ±8,6
Sontheim an der Brenz	169,5 cm ±4,4	154,2 cm ±3,4
Stetten an der Donau	169,3 cm ±4,8	156,3 cm ±4,1

Tab. 43: Vergleich der mittleren Körpergröße (nach Pearson 1899) für die Gräberfelder, für die Individualdaten zur Verfügung standen (Kap. 5.1-3), jeweils Mittelwert und Standardabweichung.

9.2 Zeitliche Entwicklung innerhalb der Merowingerzeit?

Die Gräberfelder von Eichstetten, Mannheim-Vogelstang und Sontheim / Brenz wurden in der Merowingerzeit über eine längere Zeit hin belegt, sodass man populationsimmanent die Schätzungen für das 6. Jahrhundert mit jenen für das 7. Jahrhundert vergleichen kann (Tab. 44). In Eichstetten wurden Männer wie Frauen vom 6. zum 7. Jahrhundert im Mittel etwas größer, doch der Effekt ist gemäß einem t-Test statistisch nicht signifikant. Das Bild in Mannheim-Vogelstang ist ähnlich, die mittlere Körpergröße der Toten des 6. Jahrhunderts und des 7. Jahrhunderts ist identisch.[202] Die Zahlen für Sontheim sind zu gering, widersprechen jedoch den Ergebnissen für Eichstetten und Mannheim nicht.

---

202 Für die Einsicht in die noch unpublizierte archäologische Bearbeitung der Gräber danke ich U. Koch /Mannheim herzlich. Ihre Chronologie wurde hier zu Grunde gelegt.

Eichstetten	Männer		Frauen	
6. Jahrhundert	16	166,6 cm ±7,4	25	157,3 cm ±5,7
7. Jahrhundert	23	169,7 cm ±4,7	18	158,2 cm ±5,4

Mannheim - V.	Männer		Frauen	
6. Jahrhundert	22	168,3 cm ±5,2	39	157,4 cm ±4,6
7. Jahrhundert	65	167,6 cm ±4,5	71	157,6 cm ±4,3

Sontheim /Brenz	Männer		Frauen	
6. Jahrhundert	2	169,2 cm ±4,0	1	152,3 cm
7. Jahrhundert	15	170,7 cm ±5,0	1	150,0 cm

Tab. 44: Populationsinterner Vergleich der Körpergrößen nach Pearson 1899 für die älteren und jüngere Teile der Gräberfelder. Links Anzahl der Individuen, rechts Mittelwert und Std.abw. der Körperhöhenschätzung.

Der gleiche Befund ergibt sich das Gräberfeld von Schretzheim. Hier verfügen wir nicht über individuell publizierte Maße der Langknochen, doch die anthropologische Bearbeitung durch H. W. Hitzeroth enthält Angaben zu den Körperhöhen nach Trotter / Gleser 1952 ‚White‘ (Tab. 45).[203] Diese Werte sind populationsimmanent vergleichbar, jedoch nicht direkt mit den Zahlen in Tab. 44. Unter Zugrundelegung der neuen Chronologie von Ursula Koch werden die Individuen den Zeitabschnitten 6. Jahrhundert und 7. Jahrhundert zugewiesen.[204] Die Unterschiede in der Körperhöhe sind gering und statistisch nicht signifikant. Dieser Befund entspricht dem Ergebnis von H. Härke für die Entwicklung der Körpergrößen im frühmittelalterlichen England.[205]

---

203 Hitzeroth 1963. Die Werte wurden der Originalarbeit entnommen. Es bestehen kleine Unterschiede zu Koch 1977, die vermutlich auf Verwechslungen im Magazin zurückgehen.

204 Koch 2004, in Ergänzung und Revision zu Koch 1977.

205 Härke 1992, 197 mit Tab. 33.

Schretzheim	*Männer*		*Frauen*	
6. Jahrhundert	4	177,4 cm ±5,1	3	167,6 cm ±7,3
7. Jahrhundert	11	179,6 cm ±4,9	8	165,4 cm ±5,7

Tab. 45: Populationsinterner Vergleich der Körpergrößen nach Trotter / Gleser 1952 ‚*White*' für die älteren und jüngere Teile des Gräberfelds von Schretzheim. Links Anzahl der Individuen, rechts Mittelwert und Std.abw. der Körperhöhenschätzung.

9.3 Soziale Unterschiede ?

9.3.1 Die Beziehung von Körpergröße und Bestattungen mit reichen Grabbeigaben

Wie in der Einleitung dargelegt, besteht die begründete Erwartung, dass eine bessere soziale Position innerhalb einer Gesellschaft der mittleren Körperhöhe zuträglich ist. Die erreichte Körperendgröße spiegelt wesentlich die Kindheit und Jugend eines Individuums bis zum Stillstand des Wachstums im Alter von 18 bis 23 Jahren wider. Längere Zeiten von Mangel während dieser Lebensspanne wirken sich negativ auf die erreichte Körpergröße aus, eine gute Ernährung über diese Jahre ist der Körpergröße förderlich.[206] Für das frühe Mittelalter in England hat Heinrich Härke (1992) gezeigt, dass die Differenz zwischen reich und arm Ausgestatteten im 5.-6. Jahrhundert bei etwa 3 cm lag, also ziemlich genau in der Größenordnung, die die in der Einleitung genannten Studien an rezenten Populationen ergeben hatten.[207] Daher soll hier der Zusammenhang zwischen der Körpergröße und dem sozialen Status der Individuen untersucht werden, wie er für die Merowingerzeit üblicherweise anhand der Grabbeigaben ermittelt wird. Für Eichstetten hat B. Sasse eine Gruppe von Männergräbern beschrieben, die die lokal sozial führende Schicht sei.[208] Deren mittlere Körperhöhe von 169,5 cm unterscheidet sich kaum von der der übrigen Männer (168,0 cm), der kleine Unterschied ist statistisch

---

206 z.B. Wurm 1982; Kirchengast / Winkler 1991; Ulijaszek u.a. 1998.

207 Härke 1992, 196 Tab. 32. Allerdings war ein Unterschied dann für das 7.-8. Jahrhundert nicht mehr nachweisbar. Härke deutet dies als Ergebnis der zunehmenden Vermischung ansässiger, kleinerer Kelto-Romanen mit den einwandernden, etwas größeren Germanen. Eine jüngere Zusammenstellung von Daten (nach Trotter / Gleser 1958 ‚*White*') für die britischen Inseln bei Parfitt / Brugmann 1997, 220 Tab. 19. Auch hier werden die beobachteten, beträchtlichen Unterschiede in den Körperhöhen ethnisch gedeutet (Parfitt / Brugmann 1997, 218; 239).

208 Sasse 2001, 499 (‚reiche Männergräber').

nicht signifikant.[209] Für das Gräberfeld von Mannheim-Vogelstang steht eine gute archäologische Analyse zur Verfügung, die die Toten anhand ihrer Grabbeigaben sozialen Gruppen zuordnet.[210] Danach ist weder die niedrigste soziale Gruppe noch die höheren resp. die höchste soziale Gruppe signifikant kleiner oder größer als die übrige Population (Tab. 46).[211] Relativ kleine und große Menschen sind in allen Schichten vertreten. Der Befund wiederholt sich für das Gräberfeld von Munzingen (Tab. 47), wo etwas reichere Bestattungen als ‚Qualitätsgruppe B' von den übrigen, weniger gut ausgestatteten Gräbern unterschieden werden; auch hier sind die Unterschiede gering und nach einem t-Test statistisch nicht signifikant.

Mannheim	*Männer*		*Frauen*	
Unterschicht	15	168,5 ±4,5	29	157,4 ±4,9
Mittelschicht	9	168,7 ±4,2	28	157,4 ±4,2
Oberschicht	29	169,2 ±5,0	6	160,7 ±4,5

Tab. 46: Soziale Gruppen im Gräberfeld Mannheim - Vogelstang, dazu Mittelwert und Standardabweichung ihrer Körperhöhen nach Pearson 1899.

Munzingen	*Männer*		*Frauen*	
Gruppe A	18	168,1 ±3,8	16	156,6 ±4,0
Gruppe B	7	169,4 ±3,5	9	154,2 ±3,6

Tab. 47: Soziale Gruppen im Gräberfeld Munzingen, dazu Mittelwert und Standardabweichung ihrer Körperhöhen nach Pearson 1899. Die Gruppe B umfasst die reicheren Bestattungen, die Gruppe A alle übrigen.

Für Stetten hat die archäologische Bearbeitung viele Männergräber der Qualitätsgruppe B nach Christlein zugewiesen und einige wenige Männer als sozial etwas höher stehend

---

209 Mit einem t-Test abgesichert.

210 Die Klassifizierungen erfolgten durch U. Koch, der sich für die Erlaubnis zur Nutzung ihres noch unpublizierten Manuskripts herzlich danke.

211 Gruppen nach U. Koch zu drei Kategorien zusammengefasst: Unterschicht (‚Gesinde' und ‚niedriger Stand'), Mittelschicht (‚mittlerer Stand', ‚Hofbauer/Hofbäuerin', ‚Teilbewaffneter'), Oberschicht (‚Hofherrin', ‚Krieger', ‚Reiter'). Nach einem Kruskal-Wallis-Test sind die Unterschiede nicht signifikant.

herausgestellt (‚B/C‘).[212] Die mittlere Körperhöhe der Männergräber der Qualitätsgruppe B in Stetten liegt bei 171,0 cm (±5,1), derjenigen ohne Qualitätsgruppe bei 168,6 cm (±4,6); das einzige Männergrab (Grab 183) der etwas höher stehenden Gräber (‚B/C‘), für das eine Körperhöhenschätzung möglich ist, liegt mit 172,5 cm kaum merklich darüber.

Für die Sammelserie der frühen Merowingerzeit aus Hemmingen, Horb-Altheim, Pleidelsheim und Wyhl hat Z. Obertová (2008) dem Thema des Sozialstatus sorgfältige Beachtung geschenkt. Für Horb zeichnet sich nach den Beigaben und der Bestattungssitte eine Gruppe von 17 Nischengräbern ab, die eine lokale Oberschicht repräsentieren.[213] Für Pleidelsheim folgt Obertová der Analyse der Primärpublikation von Ursula Koch und weist die dortige Familie 1 dem normalen Sozialstatus zu, die Familien 2 und 3 der lokalen Oberschicht; Hemmingen und Wyhl werden allgemein der Oberschicht zugewiesen.[214] Tabelle 47 setzt diese Gruppierung um und bildet die Mittelwerte der Körperhöhen ab; die Unterschiede sind bei den Männern statistisch signifikant.[215] Da diese ‚Oberschichtgräber‘ jedoch zugleich mehr als die übrigen Gräber Belastungs- und Krankheitsindikatoren zeigen, deutet Obertová die Unterschiede in den Körperhöhen weniger als Ergebnis eines unterschiedlichen Sozialstatus, sondern - in einer Einwanderungssituation - mehr als genetisch bedingte Unterschiede zwischen ethnisch divergenten Gruppen.[216]

	Männer		*Frauen*	
normaler Status	33	167,2 cm ±3,4	26	157,5 cm ±3,3
Oberschicht	40	170,7 cm ±3,2	39	157,7 cm ±3,4

Tab. 48: Sammelserie Hemmingen, Horb-Altheim, Pleidelsheim und Wyhl. Mittelwert und Standardabweichung der Körperhöhe nach Pearson 1899 für die beiden vermuteten Sozialgruppen nach Obertová 2008.

---

212 Weiss 1999, 95 ff. Tab. 9.

213 Obertová 2008, 3-6 mit Abb. 3.

214 Obertová 2008, 6-7, mit Verweis auf die archäologischen Bearbeitungen.

215 Kolmogorov-Smirnov-Test.

216 Obertová 2008, 128-136.

Die kleine Separatnekropole von Niederstotzingen, die nur Männergräber umfasst und als Niederlegung einer kriegerischen Adelsgruppe gedeutet wird, weist eine Körpergröße auf, die sich gänzlich unauffällig im Bereich der oben untersuchten Ortsgräberfelder bewegt (Pearson $\bar{x}$ 169,0 cm ±5,7; komb. Schätzung $\bar{x}$ 170,6 cm ±5,8; n = 6).[217]

Wegen der Bedeutung des Themas ziehen wir über die hier bearbeiteten Gräberfelder zwei weitere Serien hinzu, die bei Fragen zur Sozialgeschichte der Merowingerzeit immer wieder diskutiert werden, für die aber keine individuellen Langknochenmaße publiziert sind, jedoch resultierende Körperhöhenschätzungen der Individuen. Für das Gräberfeld von Basel-Bernerring, das im 6. Jahrhundert belegt wurde, sind Schätzungen der Körperhöhe nach Breitinger und Bach publiziert.[218] Die soziale Analyse der Gräber anhand der Grabbeigaben sowie des Bestattungsaufwandes durch Max Martin konnte aufzeigen, dass in den Kammergräbern der sozial führende Teil der Gesellschaft bestattet war, während der geringer gestellte Teil in Sarggräbern bestattet wurde.[219] Daher haben wir aus den Angaben nach Breitinger und Bach über die obigen Regressionsgleichungen die Körperhöhen nach Pearson 1899 geschätzt und kontrastieren für die erwachsenen Toten die Kammergräber und die Sarggräber (Tab. 49).

Basel-Bernerring		*Männer*		*Frauen*
Kammergräber	9	171,4 cm ±5,2	8	153,3 cm ±5,9
Sarggräber	8	166,9 cm ±5,2	6	152,6 cm ±4,3

Tab. 49: Basel-Bernerring: Mittelwert und Standardabweichung der Körperhöhe nach Pearson 1899 für die beiden sozial unterschiedlichen Grabgruppen.

Der Unterschied des Mittelwerts bei den Männern ist groß, doch gemäß einem Kolmogorov-Smirnov-Test statistisch nicht signifikant.[220] Auch der Unterschied bei den Frauen ist nicht signifikant;[221] sie sind im Vergleich zum Zeitüblichen insgesamt klein. Folgt

---

217 Creel 1967. Körperhöhen selbst berechnet nach den bei Creel 1967, 32 Tab. 3 zusammengestellten Maßen.

218 Bay 1976, 318 f. Tab. 1.

219 Martin 1976, insbes. 155 ff.; vgl. Böhme 1993, 430 f., dazu die Kartierung Abb. 25

220 Exakte zweiseitige Signifikanz 0,101 (d.h. kein sign. Unterschied).

221 Exakte zweiseitige Signifikanz 0,791 (d.h. kein sign. Unterschied).

man der Analyse von Martin etwas differenzierter, nach der auch innerhalb der Gruppe der Sarggräber wesentliche soziale Unterschiede bestehen, modifiziert sich das Bild nicht.[222] Denn ordnen wir nach diesem Vorschlag die beiden reichsten männlichen Sarggräber der Gruppe der Kammergräber zu, gewinnt man das in Tab. 50 dargestellte Bild.

Basel-Bernerring	*Männer*		*Frauen*	
Kammergräber inkl. Gr. 32, 46	11	170,9 cm ±5,1	8	153,3 cm ±5,9
Sarggräber exkl. Gr. 32, 46	6	166,3 cm ±5,4	6	152,6 cm ±4,3

Tab. 50: Basel-Bernerring: Mittelwert und Standardabweichung der Körperhöhe nach Pearson 1899 für die beiden sozial unterschiedlichen Grabgruppen, mit modifizierter Zuordnung der Bestattungen.

Der Unterschied bei den Männergräbern von Basel-Bernerring ist weiterhin nicht signifikant.[223] Auch ein vergleichbarer Versuch für die Frauengräber gemäß der bei Martin angezeigten Zweigliederung der Kammergräber schlägt fehl,[224] d.h. auch solcherart modifiziert ergeben sich keine signifikanten Unterschiede bei den Frauen.

Beim Gräberfeld von Kirchheim im Nördlinger Ries finden sich - wie üblich - einige reichere Bestattungen eingebettet in ein großes Ortsgräberfeld, zusätzlich jedoch im Südosten leicht abgesetzt eine kleine Gruppe von ausnehmend reichen Bestattungen als Separatnekropole. Man deutet dies als Zeugnis der Selbstnobilifizierung einer führenden Schicht, die zunächst noch mit den Übrigen bestattet, sich dann jedoch vom Ortsgräberfeld auf eine Separatnekropole leicht absetzt.[225] Die Publikation führt Körperhöhenschätzungen nach Trotter und Gleser auf, die hier in Tabelle 51 gemäß der skizzierten

---

222 Martin 1976, 143 Abb. 34.

223 Exakte zweiseitige Signifikanz 0,107 (Männer) und 0,791 (Frauen), d.h. kein Unterschied.

224 Martin 1976, 144 Abb. 35. - Alle Tabellen und Tests zu dieser Frage wurden auch mit den unveränderten Körperhöhen nach Breitinger und Bach überprüft, es ergeben sich gleiche Resultate. Das unerwartete Nichtvorhandensein von Unterschieden ist somit kein Ergebnis der Übertragung von Körperhöhen nach Breitinger und Bach auf geschätzte Körperhöhen nach Pearson.

225 Zusammenfassend Böhme 1993, 495f.

Gruppenbildung zusammengefasst sind.[226] Wiederum sind die Unterschiede in den Körperhöhen gering und statistisch nicht signifikant.[227]

Kirchheim /Ries		*Männer*		*Frauen*
Hauptnekropole	58	173,0 cm ±6,0	43	162,0 cm ±6,4
"Adel" Hauptnekropole	2	175,5 cm ±3,5	-	-
Separatnekropole	5	177,7 cm ±7,0	2	166,0 cm ±2,1

Tab. 51: Kirchheim im Ries: Mittelwert und Standardabweichung der Körperhöhe nach Trotter / Gleser 1952 ‚*White*' für die drei sozial unterschiedlichen Grabgruppen.

Auch wenn die Bildung der sozialen Gruppen und die Zuweisung der Individuen zu ihnen durch die jeweiligen Autoren im Einzelfall kritisch hinterfragt werden könnte, ergibt sich insgesamt ein klarer und gut abgestützter Befund: die Körperhöhe korreliert in der Merowingerzeit nicht mit dem archäologisch sichtbaren Sozialstatus.

9.3.2 The short die young ?

Die vorangehende Hypothese ist ungewöhnlich, weshalb sie zusätzlich aus einer anderen Perspektive betrachtet werden soll, die ohne die Berücksichtigung der Grabbeigaben zu Ergebnissen führt und damit einen möglichen Störeffekt ausklammert. Aufgrund von großen Serien hatte Ariane Kemkes-Grottenthaler unlängst ein Phänomen aufzeigen können, das sie mit der These zusammenfasste „*the short die young*". In ihrem Material sind die bereits in der Adultas Verstorbenen im Mittel 1 cm kleiner als in der Maturitas Verstorbene.[228] Sie deutet ihre Beobachtungen so, dass Menschen generell schlechterer Konstitution kleiner bleiben und tendenziell auch früher sterben. Wie sieht es in unseren

---

226 Als ‚Adel' im Ortsgräberfelder wurden die bei Neuffer-Müller (1983, 36-42) herausgearbeiteten Gräber gewählt, die Zeugnisse von Reitausstattung beinhalten; in dieser Gruppe gibt es keine anthropologisch fassbaren Frauenbestattungen. Zum Gräberfeld insgesamt: Neuffer-Müller 1983; Siegmund 2000, 276-377; Alt / Vach 2004.

227 Kruskall-Wallis-Test: Signifikanz 0,221 (Männer) bzw. 0,215 (Frauen), d.h. kein sign. Unterschied.

228 Ähnliche Beobachtungen bereits bei Stloukal / Hanáková 1978 anhand des Gräberfeldes von Mikulčice.

frühmittelalterlichen Populationen mit dem Zusammenhang zwischen Alter und Körperhöhe aus? Dazu beschränken wir unsere sechs Gräberfelder auf jene erwachsenen Toten, die auf mindestens 10 Jahre genau altersbestimmt sind,[229] und betrachten den Rangkorrelationskoeffizienten (Kendall τ) zwischen der Körperhöhe und der Altersschätzung (Tab. 52). Mit einer Ausnahme besteht kein signifikanter Zusammenhang, und die Ausnahme - die Männer in Munzingen - zeigen einen zur These *„the short die young"* leicht gegenläufigen Trend. Folglich lässt sich auch auf diesem Weg für die Merowingerzeit eine Gruppe von Menschen, die aufgrund allgemein schlechter Lebensbedingungen tendenziell kleinwüchsig waren und auch früher starben, nicht nachweisen. Damit ist auch unabhängig von den Grabbeigaben die These erhärtet, dass die Körpergröße im frühen Mittelalter kein Indikator für den höheren oder niederen Sozialstatus eines Individuums ist.

	Männer			Frauen		
	τ	sign.	n	τ	sign.	n
Hemmingen u.a. (5.Jh.)	0,056	0,545	62	-0,005	0,961	57
Eichstetten	0,169	0,162	56	-0,175	0,198	28
Mannheim	0,032	0,687	75	-0,012	0,866	98
Munzingen	**-0,413**	**0,005**	25	-0,113	0,448	25
Sontheim	0,231	0,201	18	0,045	0,816	16
Stetten	-0,059	0,603	41	0,049	0,707	30

Tab. 52: Rangkorrelationskoeffzient für den Zusammenhang zwischen Lebensalter und Körperhöhe bei den merowingerzeitlichen Serien (Kap. 5.3). - τ: Kendall's tau; sign.: Signifikanz; n: Anzahl Beobachtungen; signifikante Werte fett gesetzt.

229 Alte Tote werden üblicherweise als ‚senil, $\geq$ 60 Jahre bestimmt', resp. die Altersklasse traditionell mit ‚60-80 Jahre' benannt. Um Alte hier nicht systematisch auszuschließen, gilt die Einschränkung auf einer Altersbestimmung auf 10 Jahre nur für die adulten und maturen Individuen. - Die Population Ried-Mühlehölzli musste hier unberücksichtigt bleiben, da die Altersbestimmungen nur in 20-Jahres-Klassen publiziert sind.

9.3.3 Schlussfolgerungen Sozialstatus

Der Befund eines über die Grabbeigaben und über die Lebenserwartung überprüften und eben nicht gegebenen Zusammenhangs zwischen sozialem Status und Körperhöhe für die Merowingerzeit im süddeutsch-schweizerischen Raum bedarf der Diskussion. Denn die Erwartung eines solchen Zusammenhangs ist naheliegend und - wie in der Einleitung geschildert - vielfach nachgewiesen. Zur Deutung dieses unerwarteten Befundes seien zwei Thesen formuliert, die durch weitere Forschungen zu erhärten wären:

(1) Die im frühen Mittelalter insbesondere an den Grabbeigaben deutlich ablesbaren und sich sukzessive stabilisierenden sozialen Unterschiede im Sinne einer ‚offenen Ranggesellschaft‘ waren im 6. und 7. Jahrhundert noch so offen und flexibel,[230] dass wesentliche Statusunterschiede erst durch persönliches Verdienst nach Abschluss des Größenwachstums gewonnen wurden.

(2) Im frühen Mittelalter herrschten generell gute Lebensbedingungen, sodass auch ärmere Menschen und Menschen niedrigeren Sozialstatus so gut ernährt waren, dass sie ohne größeren Mangel jeweils ihre biologisch angelegte Körperendgröße auch tatsächlich erreichten.

Beide Thesen schließen einander nicht aus. Doch zeigen historische[231] und archäologische[232] Argumente, dass die zunächst gegebene Flexibilität der sozialen Statusunterschiede im frühen Mittelalter spätestens seit der Zeit um 600 n. Chr. nachließ und eine Verfestigung einsetzte, d.h. eine zunehmende Erblichkeit der sozialen Unterschiede. Die hier im diachronen Vergleich (Kap. 8) nachgewiesene, insgesamt ungewöhnlich hohe Körpergröße der frühmittelalterlichen Alemannen, Franken und Romanen zeigt, dass vor allem der zweiten These ein erheblicher Beitrag am Gesamtbild zukommt. In diese Deutung fügt sich auch unsere Beobachtung bestens ein, dass sich für die Merowingerzeit das Phänomen *„the short die young"* nicht verifizieren ließ, das A. Kemkes-Grottenthaler als generell bestehendes Phänomen überzeugend entwickelt hat.

Sicherlich ist für die Merowingerzeit - wie auch für einige urgeschichtliche Zeiten - zusätzlich ein genetischer Effekt denkbar. Die Mobilität der Völkerwanderungszeit kann zu umfangreichen Einwanderungen großer Menschen geführt haben - wofür jedoch

---

230 Böhme 1992; Steuer 1997, insbes. 276 Abb. 296, mit weiterer Literatur.

231 Grahn-Hoek 1976; Weidemann 1995.

232 Zusammenfassend: Böhme 1992.

bislang sichere Belege fehlen. Ebenso könnte man erwägen, ob das im frühen Mittelalter im Frankenreich nachweislich sehr weitreichende Inzesttabu zu einer genetischen Gunstsituation geführt hat.[233] Gut belegt ist die im Vergleich zur vorangehenden Antike erheblich geringere Bevölkerungsdichte, die in vergleichbaren ländlichen Räumen etwa um den Faktor 2 bis 3,5 geringer war als zuvor.[234] Die verfügbare Wirtschaftsfläche blieb gleich, das Klima war im Vergleich zur Antike offenbar etwas günstiger (Abb. 9-11), was in Kombination mit der erheblich geringeren Bevölkerungsdichte zu optimalen Lebensbedingungen für die verbleibenden Menschen führte, die sich zur Karolingerzeit und späteren Mittelalter hin wieder verschlechterten. Hinsichtlich der Sozialstrukturen jener Epoche ist hinzuweisen auf die flachen Hierarchien mit einem gegenüber der Antike wieder geringeren Anteil an Spezialisten (Militär, Handwerker; Priester), sodass die vorwiegend agrarisch lebenden Gemeinschaften nur einen relativ geringen Anteil an „overhead-Kosten" zu tragen hatten.

---

233 Siegmund 1998, 115-122, insbes. 119 f. mit Abschätzung der resultierenden Verwandtschaftskreise; Ubl 2008.

234 Siegmund (*im Druck, b*).

10. Schlussfolgerungen und Zusammenfassung der Ergebnisse

10.1 WAHL DER SCHÄTZFORMELN

Innerhalb einer Population beträgt die Spanne der Körpergrößen, die geschlechtsspezifisch etwa zwei Drittel der Menschen umfasst, üblicherweise etwa 9 cm, 95 % der jeweiligen Menschen fallen in eine Spanne von 18 cm. Die Unterschiede in der Körpergröße zwischen Gruppen von Individuen oder Populationen sind geringer und liegen im Bereich weniger Zentimeter. Die Unterschiede, die sich durch die Anwendung verschiedener Schätzformeln ergeben, liegen ebenfalls im Bereich einiger Zentimeter. Daher können nur Körperhöhenschätzungen sinnvoll miteinander verglichen werden, die auf Grundlage der gleichen Schätzformel ermittelt wurden.

Die Mehrheit der verschiedenen Schätzformeln liefert für spezifische Populationen gute Ergebnisse. Um für Individuen oder eine einzelne Population möglichst richtige Schätzungen zu erhalten, könnte man jeweils diejenige Formel heranziehen, die auf einer möglichst ähnlichen Referenzpopulation beruht. Da die Unterschiede in den Proportionen der Langknochen jedoch innerhalb und zwischen den Populationen relativ groß sind, kann es für vergleichende Fragestellungen keine für jedes Individuum und jede Population optimale Formel geben; jede Schätzung ist mit Kompromissen und Mängeln behaftet.[235] Für vergleichende Studien an prähistorischem bis neuzeitlichem Material aus Europa sind nach derzeitigem Kenntnisstand die Schätzungen nach Pearson 1899 weiterhin sehr geeignet. Zur Kontrolle wird eine kombinierte Schätzung empfohlen; sie beruht auf dem arithmetischen Mittel der drei Schätzungen nach Pearson 1899, Trotter / Gleser 1952 ,*American White*' und ,*American Negro*'. Die in der deutschsprachigen Literatur oft verwendeten Formeln nach Breitinger und Bach gehören im Vergleich zu denjenigen Formeln, die sehr ungenaue Ergebnisse liefern. Die schon 1988 von Rösing gegebene Empfehlung,[236] sie nicht länger anzuwenden, kann nur unterstrichen werden.

Die vorgelegte Studie rät von Alterskorrekturen ab (Kap. 4.1), enthält Empfehlungen

---

235 Um ein möglichst flexibles und problemorientiertes Arbeiten zu ermöglichen, wäre es daher von hohem Nutzwert, wenn in die Publikation von Populationen die individuellen Knochenmaße integriert würden, so dass jeder Leser frei wäre, nachträglich jeweils die Formeln anzuwenden, die er für geeigneter hält.

236 Rösing 1988, 593.

für die soweit als möglich zu vermeidende rechnerische Übertragung der tatsächlich beobachteten Messstrecken in andere Messstrecken (z.B. F1 aus F2, Kap. 4.2 und 11.2), für den Umgang mit dem Standardschätzfehler (Kap. 4.3) und für eine zu Vergleichszwecken gelegentlich notwendige Übertragung der Schätzungen nach Breitinger und Bach in solche nach Pearson 1899 bzw. die kombinierte Schätzung (Tab. 35).

10.2 ENTWICKLUNG DER KÖRPERGRÖßE

Die Körpergröße der Menschen in Mitteleuropa steigt vom Neolithikum (Männer ca. 163 cm, Frauen ca. 151 cm) zur Bronzezeit um etwa 2 cm an und bleibt bis zum Ende der römischen Epoche annähernd konstant. Danach steigt die Körpergröße im frühen Mittelalter mit ca. 168 cm für Männer und 156 cm für Frauen auf ihr vor-neuzeitliches Maximum, und sinkt im Laufe des Mittelalters wieder um etwa 1,5 cm ab. Insgesamt ist der diachrone Trend im Vergleich zur populationsinternen Variabilität sehr gering. Der Geschlechtsdimorphismus zwischen Frauen und Männern ist über die ganze Zeit hin - vermutlich mit Ausnahme der Eisenzeit - weitgehend konstant, er liegt bei knapp 12 cm.

Innerhalb des frühen Mittelalters ist die mittlere Körpergröße der Alemannen, Franken und Romanen zueinander sehr ähnlich. Für die Merowingerzeit in Mitteleuropa lässt sich ein enger Zusammenhang zwischen Lebenserwartung und Körpergröße sowie zwischen Körpergröße und dem an den Grabbeigaben ersichtlichen Sozialstatus nicht nachweisen. In Abwägung verschiedener Argumente wird dies als Hinweis auf generell gute Lebensbedingungen gelesen, unter denen auch ärmere Menschen und Menschen niedrigeren Sozialstatus so gut ernährt waren, dass sie ohne größeren Mangel ihre biologisch angelegte Körperendgröße auch tatsächlich erreichten.

11 Nachweise und Listen

Nachweis der für den diachronen Vergleich verwendeten Serien. Ohne die neuzeitlichen Referenzserien umfasst die Liste 138 Populationen, mit insgesamt 14.730 berücksichtigten Individuen (♂ 8.086, ♀ 6.644). Für alle Serien wurden die Körperhöhen geschlechtsspezifisch nach Pearson 1899 berechnet, und zwar aufgrund der Populationsmittelwerte der Langknochen. In den seltenen Fällen, in denen eine Differenzierung der Mittelwerte nach rechter und linker Körperseite publiziert war, wurde das arithmetische Mittel beider Seiten zur Grundlage gemacht. Die eingeklammerte Zahl gibt an, wie viele Messungen von der am häufigsten überlieferten Messstrecke (meist F1) zur Verfügung standen.

Gelegentlich wurde auf die ‚Mainzer Datenbank' zurückgegriffen (Perscheid 1974; Schwidetzky 1984), ohne dass die Originalliteratur hinzugezogen wurde; diese Fällen sind durch den Zusatz ‚Mainzer DB' gekennzeichnet und es wird das dort enthaltene Kurzzitat angegeben, findet sich aber nicht in der Literaturliste Kap. 11.5.

11.1.1 Neolithikum (ca. 5.500 - 2.000 v. Chr.)
Bandkeramiker Mitteldeutschland: Bach A. 1978. - ♂ 161,5 cm (25), ♀ 150,0 cm (30).
Bredelem: Czarnetzki 1978, Tab. 74. - ♂ 161,8 cm (7), ♀ 148,7 cm (7).
Calden: Czarnetzki 1978, Tab. 86. - ♂ 161,3 cm (11), ♀ 147,6 cm (7).
Heilbronn, Bandkeramiker: Wahl 2008, Tab. 1. - ♂ 164,6 cm (2), ♀ 152,4 cm (3).
Heilbronn, Michelsberger: Wahl 2008, Tab. 2. - ♂ 164,2 cm (18), ♀ 153,1 cm (15).
Neolithiker Europa: Formicola / Franceschi 1996, Tab. 1. - ♂ 163,3 (33), ♀ 151,2 (27).
Niedertiefenbach: Czarnetzki 1978, Tab. 92. - ♂ 165,0 cm (38), ♀ 150,0 cm (20).
Pully-Chamblandes: Schenk 1903; Moinat & Simon 1986. - ♂ 163,1 cm (5), ♀ 152,1 cm (9).
Rössener Elsass: Knussmann & Knussmann 1978, Tab. 62. - ♂ 164,3 (6), ♀ 152,8 cm (3).
Sorsum: Czarnetzki 1978, Tab. 80. - ♂ 162,3 cm (21), ♀ 150,0 cm (12).
Talheim: Wahl / König 1987. - ♂ 165,5 cm (4), ♀ 151,1 cm (7).
Taubertal, Schnurkeramik: Dresely 2004. - ♂ 166,5 (13), ♀ 157,0 cm (8).
Trebur: Jacobshagen / Kunter 1999. - ♂ 162,8 (28), ♀ 152,9 cm (18).
Ungarn, Alt- u. Mittelneolithikum: Éry 1998, App. 3 Nr. 1. - ♂ 161,8 (61), ♀ 151,3 cm (54).
Ungarn, Jungneolithikum: Éry 1998, App. 3 Nr. 2. - ♂ 164,7 (20), ♀ 152,5 cm (16).

11.1.2 Bronzezeit (ca. 2.000 - 750 v. Chr.)
Aunjetitzer Mährens: Ulrich 1972, Tab. 36-37. - ♂ 165,5 cm (?), ♀ 154,5 cm (?).
Franzhausen: Berner 1988. - ♂ 167,3 cm (20), ♀ 154,7 cm (26).
Gemeinlebarn F: Heinrich / Teschler-Nicola 1991. - ♂ 163,8 (30), ♀ 151,8 cm (17).
Großbrembach: Ulrich 1972, Tab. 32. - ♂ 166,5 cm (25), ♀ 154,0 cm (24).
Singen am Hohentwiel: Haidle 1997. - ♂ 164,8 cm (3).
Tápé: Farkas / Lipták 1975. - ♂ 164,1 cm (79), ♀ 153,6 cm (79).
Ungarn, Bronzezeit: Éry 1998, App. 3 Nr. 3. - ♂ 162,1 (105), ♀ 150,8 cm (111).

11.1.3 Eisenzeit (ca. 750 - 20 v. Chr.)
Driffield: Wright 1903, 1906 (Mainzer DB). - ♂ 167,0 cm (15), ♀ 159,9 (10).
Maiden Castle: Goodman / Morant 1939 (Mainzer DB). - ♂ 165,2 cm (21), ♀ 154,5 cm (19).
Nebringen: Preuschoft 1964. - ♂ 165,3 cm (5), ♀ 156,4 cm (3).
Eisenzeit Baden-Württemberg: Ehrhardt / Simon 1971. - ♂ 165,9 cm (7), ♀ 154,7 cm (5).
Eisenzeit Oberpfalz (Dietfurt, Schirndorf): Claassen 1989. - ♂ 167,4 cm (37), ♀ 155,9 cm (7).
Ungarn, Eisenzeit: Éry 1998, App. 3 Nr. 4. - ♂ 165,6 (19), ♀ 154,3 cm (25).

11.1.4 Römische Kaiserzeit (ca. 20 v. Chr. - 450 n. Chr.)
Augsburg - St. Ulrich und Afra: Ziegelmayer 1977. - ♂ 164,3 cm (65), ♀ 152,7 cm (46).
Budesty: Velikanova 1961 (Mainzer DB). - ♂ 164,2 cm (14), ♀ 151,7 cm (14).
Gerulata: Pichlerová / Stloukal 1977. - ♂ 167,7 cm (12), ♀ 154,2 cm (18).
Koblevo: Konduktanova 1974 (Mainzer DB). - ♂ 169,1 cm (6), ♀ 154,9 cm (4).
Linz: Wiltschke-Schrotta / Teschler-Nicola 1991. - ♂ 163,5 cm (9), ♀ 153,4 cm (10).
Majs: Éry 1968. - ♂ 163,5 cm (15), ♀ 151,8 cm (10).
Neuburg an der Donau: Ziegelmayer 1979. - ♂ 165,9 cm (56), ♀ 154,6 cm (17).
Pecz: Éry 1973. - ♂ 164,7 cm (17), ♀ 152,6 cm (23).
Steinpass: Wiltschke-Schrotta / Teschler-Nicola 1991. - ♂ 165,8 cm (18), ♀ 153,4 cm (6).
Stettfeld (Bruchsal): Wahl / Kokabi 1988. - ♂ 166,5 cm (13), ♀ 154,7 cm (4).
Ungarn, „Sarmaten": Éry 1998, App. 3 Nr. 5. - ♂ 164,4 (12), ♀ 151,8 cm (8).
Ungarn, Spätantike: Éry 1998, App. 3 Nr. 6. - ♂ 162,6 (179), ♀ 153,1 cm (171).
Zhuravka: Kondukturova 1974 (Mainzer DB). - ♂ 167,3 cm (26), ♀ 154,6 cm (22).

11.1.5 Merowingerzeit (ca. 450 - 700 n. Chr.)
Alemannen
Alemannen Ostschweiz: Schneiter 1939 (‚Gruppe A'). - ♂ 169,8 cm (22), ♀ 153,0 cm (22).
Alemannen Ost- u. Nordschweiz: Gombay 1976. - ♂ 167,8 cm (74), ♀ 157,9 cm (41).
Altenerding: Helmuth 1996. - ♂ 168,6 cm (153), ♀ 157,3 cm (132).
Andresy: Rösing 1975, Tab. 18. - ♂ 163,9 cm (12), ♀ 154,1 cm (6).
Bohlingen: Kunter 1999. - ♂ 169,1 cm (17), ♀ 157,5 cm (14).
Donzdorf: Abels u.a. 1972. - ♂ 169,5 cm (12), ♀ 157,5 cm (10).
Eichstetten am Kaiserstuhl: Hollack / Kunter 2001. - ♂ 167,3 cm (30), ♀ 156,5 cm (31).
Elgg: Trudel 1938; Rösing 1975 Tab. 32. - ♂ 165,3 cm (26), ♀ 156,2 cm (34).
Fridingen an der Donau: Muth 1987. - ♂ 171,0 cm (52), ♀ 159,4 cm (19).
Hailfingen: Rösing 1975 Tab. 24. - ♂ 167,6 cm (57), ♀ 156,2 cm (46).
Hemmingen: Obertová 2008. - ♂ 170,3 cm (9), ♀ 157,4 cm (18).
Horb-Altheim: Obertová 2008. - ♂ 169,0 cm (22), ♀ 158,8 cm (16).
Kirchheim unter Teck: Becker 1985. - ♂ 168,6 cm (14), ♀ 153,1 cm (10).
Lauterhofen Geissäcker: Gerhardt 1975. - ♂ 168,9 cm (10), ♀ 151,4 cm (7).
Mengen: Ihm 1943. - ♂ 165,1 cm (26), ♀ 156,5 cm (34).
München-Giesing Riegeranger: Kramp 1939, 190 Tab. 9. - ♂ 168,7 cm (41), ♀ 156,9 cm (34).
Munzingen: Burger-Heinrich 2001. - ♂ 168,9 cm (18), ♀ 156,5 cm (21).
Nusplingen: Eble 1955. - ♂ 167,6 cm (36), ♀ 158,2 cm (24).
Oerlingen: Hauser 1938. - ♂ 168,9 cm (10), ♀ 161,9 cm (5).
Pleidelsheim (5. Jh.): Obertová 2008. - ♂ 167,2 cm (27), ♀ 156,3 cm (18).

Sontheim an der Brenz: Creel 1966. - ♂ 169,3 cm (18), ♀ 154,4 cm (15).
Stetten: Konieczka / Kunter 1999. - ♂ 169,6 cm (25), ♀ 156,1 cm (23).
Weingarten: Rösing 1975, Tab. 30. - ♂ 167,9 cm (73), ♀ 155,9 cm (49).
Wyhl: Obertová 2008. - ♂ 171,6 cm (10), ♀ 159,2 cm (2).

Franken
Eltville: Schallmayer unpubl. (Mainzer DB). - ♂ 168,1 cm (84), ♀ 156,8 cm (72).
Ennery: Heuertz 1957. - ♂ 165,0 cm (25), ♀ 153,5 cm (5).
Langenlonsheim: Schallmayer unpubl. (Mainzer DB). - ♂ 168,6 cm (26), ♀ 158,0 cm (24).
Mannheim-Vogelstang: Rösing 1975. - ♂ 167,3 cm (86), ♀ 157,4 cm (96).
Mersheim-Vettweiss: Beck 1986 (Mainzer DB). - ♂ 169,1 cm (14), ♀ 157,5 cm (14).
Newel: Schallmayer unpubl. (Mainzer DB). - ♂ 167,0 cm (3), ♀ 157,4 cm (3).
Rübenach: Henke / Nedder 1981. - ♂ 166,9 cm (9), ♀ 157,8 cm (3).
Saint-Martin-de-Fontenay (F), 6. Jh.: Pilet u.a. 1994, doc. 19. - ♂ 165,9 cm (20), ♀ 151,9 cm (22).
Saint-Martin-de-Fontenay (F), 7. Jh.: Pilet u.a. 1994, doc. 19. - ♂ 166,4 cm (24), ♀ 148,9 cm (11).
Wackernheim: Schallmayer o.J. (Mainzer DB). - ♂ 167,5 cm (7), ♀ 154,5 cm (2).

Romanen
Bonaduz: Brunner 1972. - ♂ 166,4 cm (122), ♀ 153,7 cm (84).
Burgunden (Westschweiz): Gombay 1976. - ♂ 169,0 cm (12), ♀ 156,5 cm (9).
Kallnach: Ulrich-Bochsler 2006. - ♂ 167,7 cm (27), ♀ 153,6 cm (25).
Ried-Mühlehölzli: Kaufmann / Schoch 1983. - ♂ 166,6 cm (22), ♀ 156,8 cm (25).
Romanen Ostschweiz: Schneiter 1939 (‚Gruppe B‘). - ♂ 168,8 cm (12), ♀ 156,1 cm (12).
Vuippens: Kaufmann 1997. - ♂ 165,3 cm (62), ♀ 154,7 cm (37).

ohne Zuordnung
Anderten: Hauschild 1926. - ♂ 168,7 cm (52), ♀ 158,2 cm (36).
Langobarden (Sammelserie): Kiszely 1979. - ♂ 167,4 cm (280), ♀ 156,8 cm (254).
Ungarn, „Germanen": Éry 1998, App. 3 Nr. 7. - ♂ 167,4 (48), ♀ 156,2 cm (45).

11.1.6 Mittelalter, Karolingerzeit (ca. 8. - 10. Jh.)
Alattyán-Tulát: Wenger 1957. - ♂ 164,8 cm (67), ♀ 153,9 cm (64).
Artand: Éry 1996. - ♂ 165,5 cm (36), ♀ 153,4 cm (27).
Berslingen: Kaufmann / Xirotiris 1991. - ♂ 166,8 cm (35), ♀ 155,0 cm (42).
Bulhary: Dobisíková u.a. 2003. - ♂ 166,7 cm (8), ♀ 153,2 cm (11).
Čipulić-Bugojno: Klug 1987. - ♂ 169,7 cm (50), ♀ 158,8 cm (26).
Dreitzsch: Bach A. 1986, Tab. 19. - ♂ 169,3 cm (33), ♀ 157,0 cm (35).
Espenfeld: Bach / Dušek 1971, Tab. 1, 13. - ♂ 167,8 cm (91), ♀ 154,7 cm (102).
Herford: Gaida 1993. - ♂ 173,2 cm (7), ♀ 160,5 cm (7).
Kirchlindach I-II (8.-10. Jh.): Ulrich-Bochsler 1983. - ♂ 168,9 cm (7), ♀ 159,6 cm (2).
Leobersdorf: Grefen-Peters 1987. - ♂ 166,6 cm (43), ♀ 152,7 cm (37).
Mikulčice: Stloukal / Hanáková 1978. - ♂ 167,0 cm (395), ♀ 155,4 cm (313).
Pottenbrunn: Fabrizii-Reuer / Reuer 2001. - ♂ 165,3 cm (24), ♀ 155,4 cm (23).
Rohnstedt: Bach A. 1986, Tab. 3, 19. - ♂ 167,4 cm (49), ♀ 154,8 cm (55).
Sandau (‚frühmittelalterlich‘): Gregor 2003. - ♂ 167,3 cm (10), ♀ 156,8 cm (5).

Seppenrade: Henke 1983. - ♂ 167,7 cm (6), ♀ 155,0 cm (2).
Steffisburg (7./8.-11. Jh.): Ulrich-Bochsler / Meyer 1994. - ♂ 169,6 cm (19), ♀ 157,6 cm (14).
Tiszavárkony: Lipták 1957. - ♂ 167,6 cm (22), ♀ 154,0 cm (15).
Tiszavasvár: Wenger 1972.. - ♂ 166,8 cm (25), ♀ 154,5 cm (30).
Toponar: Wenger 1974 (Mainzer DB). - ♂ 168,2 cm (28), ♀ 154,0 cm (24).
Ullo: Lipták 1955. - ♂ 165,1 cm (21), ♀ 153,0 cm (21).
Ungarn, Awaren: Éry 1998, App. 3 Nr. 8. - ♂ 165,3 (983), ♀ 153,7 cm (878).
Ungarn, „fränkisch-slawisch": Éry 1998, App. 3 Nr. 9. - ♂ 166,8 (171), ♀ 154,7 cm (176).
Ungarn, „Ungarn, 10. Jh.": Éry 1998, App. 3 Nr. 10. - ♂ 166,1 (288), ♀ 154,2 cm (214).
Unterregenbach I: Preuschoft / Schneider 1972. - ♂ 172,7 cm (10), ♀ 158,8 cm (5).
Váchartyán: Lipták 1957. - ♂ 162,8 cm (8), ♀ 151,6 cm (9).
Vukovar: Pilarić / Schwidetzki 1987. - ♂ 165,4 (80), ♀ 155,6 (39).
Walkringen 1-2 (8.-11. Jh.): Ulrich-Bochsler / Meyer 1992. - ♂ 168,0 cm (10), ♀ 158,6 (4).

11.1.7 Mittelalter (ca. 11. - 15. Jh.)
Békés Povádzug: Lipták / Farkas 1967. - ♂ 164,9 cm (27), ♀ 152,6 cm (31).
Csátalja: Lipták 1957. - ♂ 165,6 cm (13), ♀ 152,7 cm (18).
Fonyod: Nemeskéri 1963 (Mainzer DB). - ♂ 165,9 cm (45), ♀ 154,2 cm (31).
Kérpuszta: Nemeskéri u.a. 1954. - ♂ 164,7 cm (75), ♀ 153,5 cm (65).
Kirchlindach II-IV (12.-14. Jh.): Ulrich-Bochsler 1983. - ♂ 167,0 cm (6), ♀ 155,8 cm (5).
Ostrow Lednicki: Godycki 1956. - ♂ 166,0 cm (93), ♀ 154,9 cm (68).
Ptuj: Ivaniček 1951. - ♂ 166,7 cm (63), ♀ 156,7 cm (42).
Rohrbach (8.-14. Jh.): Ulrich-Bochsler 1988b. - ♂ 171,4 cm (12), ♀ 157,9 cm (9).
Samborzek: Sarama 1956. - ♂ 166,9 cm (15), ♀ 153,7 cm (19).
Sandau (‚hoch- u. spätmittelalterlich'): Gregor 2003. - ♂ 166,4 cm (7), ♀ 159,0 cm (4).
Schwyz (1, 13./14. Jh.): Cueni 1995. - ♂ 167,4 cm (22), ♀ 153,5 cm (12).
Starém Městě: Pavelčik 1948 (Mainzer DB). - ♂ 165,2 cm (139), ♀ 151,1 cm (115).
Tomils: Papageorgopoulou 2008. - ♂ 163,6 cm (118), ♀ 152,8 cm (104).
Twann-Friedhof (9.-13. Jh.): Ulrich-Bochsler 1988a. - ♂ 165,0 cm (3), ♀ 155,0 cm (2).
Unterregenbach II: Preuschoft / Schneider 1972. - ♂ 164,9 cm (5), ♀ 158,1 cm (2).
Ungarn, 11.-12. Jh.: Éry 1998, App. 3 Nr. 11. - ♂ 165,4 (784), ♀ 153,5 cm (684).
Ungarn, 13.-15. Jh.: Éry 1998, App. 3 Nr. 12. - ♂ 165,9 (376), ♀ 153,9 cm (250).
Walkringen 3-4 (11.-15. Jh.): Ulrich-Bochsler / Meyer 1992. - ♂ 169,5 cm (5), ♀ 152,3 cm (4).
Westerhus: Gejvall 1960, Tab. 18. - ♂ 169,0 cm (62), ♀ 156,0 cm (72).
Zürich Münsterhof: Etter 1982. - ♂ 163,8 cm (38), ♀ 155,2 cm (53).
Zwentendorf: Heinrich 2001. - ♂ 167,7 cm (31), ♀ 156,2 cm (37).

11.1.8 Neuzeit (ca. 16. - 18. Jh.)
Sandau (‚neuzeitlich'): Gregor 2003. - ♂ 166,5 (2), ♀ 154,3 cm (5).
Schwyz 2 (15./16. Jh.): Cueni 1995. - ♂ 168,0 cm (22), ♀ 156,1 cm (20).
Schwyz 3 (16./17. Jh.): Cueni 1995. - ♂ 168,7 cm (13), ♀ 155,3 cm (13).
Schwyz 4 (17./18. Jh.): Cueni 1995. - ♂ 169,8 cm (29), ♀ 155,9 cm (14).
Twann-Innengräber (15.-18. Jh.): Ulrich-Bochsler 1988a. - ♂ 166,0 cm (13), ♀ 154,0 (3).
Unterregenbach III: Preuschoft / Schneider 1972. - ♂ 168,4 (1), ♀ 155,9 cm (12).
Ungarn, 16.-17. Jh.: Éry 1998, App. 3 Nr. 13. - ♂ 167,1 (68), ♀ 155,8 (71).

11.1.9 Jetztzeit (2. Hälfte 19. Jh. - Mitte 20. Jh.)
Basel - St. Johann: Haidle 1997. - ♂ 166,4 cm (150), ♀ 153,5 cm (73).
Ref.-serie 2. Weltkrieg, ‚Am. White': Trotter / Gleser 1952, 478 Tab. 5. - ♂ 171,5 cm (54).
Ref.-serie 2. Weltkrieg, ‚Am. Negro': Trotter / Gleser 1952, 478 Tab. 5. - ♂ 168,7 cm (545).
Ref.-serie Bach: Bach 1965. - ♀ 158,7 (500).
Ref.-serie Breitinger: Breitinger 1938. - ♂ 167,4 cm (2438).
Ref.-serie Korean War ‚Am. White': Trotter / Gleser 1958, 89 Tab. 6. - ♂ 169,0 cm (1261).
Ref.-serie Korean War ‚Am. Negro': Trotter / Gleser 1958, 91 Tab. 6. - ♂ 171,9 cm (183).
Ref.-serie Korean War ‚Mexican': Trotter / Gleser 1958, 84 f. Tab. 3. - ♂ 166,3 (122).
Ref.-serie Korean War ‚Puertorican': Trotter / Gleser 1958, 84 f. Tab. 3. - ♂ 165,3 (64).
Ref.-serie Korean War ‚Mongoloid': Trotter / Gleser 1958, 84 f. Tab. 3. - ♂ 164,5 (92).
Ref.-serie Olivier u.a. 1978: nach Rösing 1988, 596. - ♂ 167,9 cm (140), ♀ 156,5 cm (140).
Ref.-serie Rollet 1888: Rollet 1888. - ♂ 165,4 (50), ♀ 152,8 cm (50).
Ref.-serie Telkkä, Anatomie Helsinki: Telkkä 1950. - ♂ 165,7 cm (115), ♀155,1 cm (39).
Terry Coll. ‚Am. Negro': Trotter / Gleser 1952. - ♂ 170,4 cm (360), ♀ 158,1 cm (177).
Terry Coll. ‚Am. White': Trotter / Gleser 1952. - ♂ 166,0 cm (255), ♀ 155,5 cm (63).

11.1.10 In Kap. 6.4 zum Vergleich hinzugezogene Serien aus Ägypten und dem Vorderen Orient
Elephantine, Altes Reich: Rösing 1990. - ♂ 166,9 cm (140), ♀ 152,8 cm (99).
Elephantine, 1. Zwischenzeit: Rösing 1990. - ♂ 166,8 cm (15), ♀ 152,9 cm (19).
Elephantine, Mittleres Reich: Rösing 1990. - ♂ 165,9 cm (24), ♀ 153,0 cm (24).
Elephantine, 2. Zwischenzeit: Rösing 1990. - ♂ 164,1 cm (10), ♀ 152,6 cm (8).
Elephantine, Spätzeit: Rösing 1990. - ♂ 165,6 cm (77), ♀ 153,5 cm (71).
Kamid el-Loz (Libanon): Kunter 1977. - ♂ 165,9 cm (17), ♀ 152,3 cm (18).

11.2 TRANSFORMIERUNG VON MESSSTRECKEN

Die rechnerische Überführung einer am Material erhobenen Messstrecke in eine andere Strecke ist eine unbefriedigende Lösung und möglichst zu vermeiden, jedoch bisweilen notwendig. Nach den in Kap. 4.2 dargelegten Zahlen ergeben sich folgende Regeln, die hier insbesondere beim Schätzen aus Populationsmittelwerten gelegentlich angewendet wurden:

H1 = H2 + 5 mm.
R1 = R1b + 2 mm.
R1 = R2 + 13 mm.
U1 / U2: kein Ausgleich, ggf. wird auf U1 verzichtet.
F1 = F2 + 4 mm; als Alternative könnte erwogen werden: +3 mm ♂, +4,5 mm ♀.
T1 = T1a - 7 mm.
T1 = T1b + 3 mm.

11.3 Verzeichnis der Abkürzungen

IQR	*interquartile range*, Interquartilabstand: Ober- und Untergrenze jenes Bereichs um den Median, innerhalb dessen 50 % aller Werte fallen.
komb.	kombinierte Schätzung, i.e. das arithmetische Mittel aus den drei Schätzungen nach Pearson 1899, Trotter / Gleser 1952 ‚*American White*‘ und Trotter / Gleser 1952 ‚*American Negro*‘.
n	Anzahl, Grundgesamtheit.
sd	Standardabweichung.
$\bar{x}$	Mittelwert, arithmetisches Mittel.

12 Zusammenstellung der hier angewendeten Schätzformeln

Alle nachfolgenden Formeln gehen davon aus, dass die Messungen der Strecken an den Langknochen in mm vorliegen. Das Ergebnis ist die geschätzte Körperhöhe in Zentimetern.

12.1 PEARSON 1899

Es werden verwendet H1, R1, F1 und T1b. Wenn T1a gemessen wurde, wird gemäß Pearson bei Männern 9,6 mm, bei Frauen 8,7 mm addiert, um T1b zu erhalten. - Es werden alle entsprechend der Knochenerhaltung möglichen Formeln angewendet (max. 10) und anschließend der Mittelwert aus den Einzelschätzungen (KH-1 bis KH-10) gebildet. Dieser Mittelwert dividiert durch 10 ergibt die Körperhöhe nach Pearson 1899.

Männer
(1) KH-1 = F1 * 1.880 + 813.06.
(2) KH-2 = H1 * 2.894 + 706.41.
(3) KH-3 = T1b* 2.376 + 786.64.
(4) HK-4 = R1 * 3.271+ 859.25.
(5) KH-5 = (F1 + T1b) * 1.159 + 712.72.
(6) KH-6 = (F1 * 1.220) + (T1b* 1.080) + 714.43.
(7) KH-7 = (H1 + R1) * 1.730 + 668.55.
(8) KH-8 = (H1 * 2.769) + (R1 * 0.195) + 697.88.
(9) KH-9 = (H1 * 1.557) + (F1 * 1.030) + 683.97.
(10) KH-10 = (F1 * 0.913) + (T1b* 0.600) +(H1 * 1.225) - (R1 * 0.187) + 670.49.

Frauen
(1) KH-1 = F1 * 1.945 + 728.44.
(2) KH-2 = H1 * 2.754 + 714.75.
(3) KH-3 = T1b * 2.352 + 747.74.
(4) KH-4 = R1 * 3.343 + 812.24.
(5) KH-5 = (F1 + T1b) * 1.126 + 691.54.
(6) KH-6 = (F1 * 1.117) + (T1b* 1.125) + 695.61.
(7) KH-7 = (H1 + R1) * 1.628 + 699.11.
(8) KH-8 = (H1 * 2.582) + (R1 * 0.281) + 705.42.
(9) KH-9 = (H1 * 1.027) + (F1 * 1.339) + 674.35.
(10) KH-10 = (F1 * 0.782) + (T1b * 1.120) +(H1 * 1.059) - (R1 * 0.711) + 674.69.

12.2 BREITINGER 1938 UND BACH 1965

Es werden alle entsprechend der Knochenerhaltung möglichen Formeln angewendet (max. 4) und anschließend der Mittelwert aus den Einzelschätzungen (K-1 bis K-4) gebildet.

Männer (Breitinger 1938)
(1) K-1 = (H2 /10) * 2.715 + 83.21. *oder:* K-1 = (H1 /10) * 2.71 + 81.33.
(2) K-2 = (R1b /10) * 2.968 + 97.09.
(3) K-3 = (F1 /10) * 1.645 + 94.31.
(4) K-4 = (T1b /10) * 1.988 + 95.59.

Frauen (Bach 1965)
(1) K-1 = (H2 /10) * 2.121 + 99.44. *oder:* K-1 = (H1 /10) * 2.121 + 98.38.
(2) K-2 = (R1b /10) * 1.925 + 116.89.
(3) K-3 = (F1 /10) * 1.313 + 106.69.
(4) K-4 = (T1b /10) * 1.745 + 95.91.

12.3 TELKKÄ 1950

Es werden alle entsprechend der Knochenerhaltung möglichen Formeln angewendet (max. 6) und anschließend der Mittelwert aus den Einzelschätzungen (K-1 bis K-6) gebildet. Das Ergebnis dividiert durch 10 ist die geschätzte Leichenlänge; subtrahiert 2,0 cm ergibt die geschätzte Körperhöhe.

Männer
(1) K-1 = 1694 + 2.8 * (H1 - 329).
(2) K-2 = 1694 + 3.4 * (R2 - 227).
(3) K-3 = 1694 + 3.2 * (U2 - 231).
(4) K-4 = 1694 + 2.1 * (F1 - 455).
(5) K-5 = 1694 + 2.1 * (T1 - 362).
(6) K-6 = 1694 + 2.5 * (Fib1 - 361).

Frauen
(1) K-1 = 1568 + 2.7 * (H1 - 307).
(2) K-2 = 1568 + 3.1 * (R2 - 208).
(3) K-3 = 1568 + 3.3 * (U2 - 213).
(4) K-4 = 1568 + 1.8 * (F1 - 418).
(5) K-5 = 1568 + 1.9 * (T1 - 331).
(6) K-6 = 1568 + 2.3 * (Fib1 - 327).

12.4 TROTTER / GLESER 1952

Berechnung der Körperhöhe nach Trotter / Gleser 1952, S. 495 Tab. 13, unter Berücksichtigung der Korrektur nach Trotter / Gleser 1977. Die Formeln und Werte nach Trotter / Gleser 1958 und Trotter 1970, Tab. 28 weichen davon ab. Die hier angesetzten Zahlen weichen von Rösing 1988 ab.

Es wird entsprechend der gegebenen Knochenerhaltung die eine als optimal betrachtete Schätzformel angewendet. Die Nummerierung der Formeln gibt die Hierarchie der Qualität an,

(1) signalisiert die beste, (7) die am wenigsten geeignete Formel. Das Ergebnis wird durch 10 dividiert und ergibt die geschätzte Körperhöhe.

TG-AM: Trotter-Gleser 1952 *'American White'*.
TG-AN: Trotter-Gleser 1952 *'American Negro'*.

Männer
(1) TG-AW = ((F1 + T1b) * 1.30) + 632.9.
(2) TG-AW = (Fib1 * 2.68) + 717.8.
(3) TG-AW = (T1b * 2.52) + 786.2.
(4) TG-AW = (F1 * 2.38) + 614.1.
(5) TG-AW = (U1 * 3.70) + 740.5.
(6) TG-AW = (R1 * 3.78) + 790.1.
(7) TG-AW = (H1 * 3.08) + 704.5.

(1) TG-AN = ((F1 + T1b) * 1.15) + 710.4.
(2) TG-AN = (Fib1 * 2.19) + 856.5.
(3) TG-AN = (T1b * 2.19) + 860.2.
(4) TG-AN = (F1 * 2.11) + 703.5.
(5) TG-AN = (U1 * 3.26) + 792.9.
(6) TG-AN = (R1 * 3.42) + 815.6.
(7) TG-AN = (H1 * 3.26) + 621.0.

Frauen
(1) TG-W = ((F1 + T1b) * 1.39) + 532.0 .
(2) TG-W = (Fib1 * 2.93) + 596.1.
(3) TG-W = (T1b * 2.90) + 615.3.
(4) TG-W = (F1 * 2.47) + 541.0.
(5) TG-W = (U1 * 4.27) + 577.6.
(6) TG-W = (R1 * 4.74) + 549.3.
(7) TG-W = (H1 * 3.36) + 579.7.

(1) TG-AN = ((F1 + T1b) * 1.26) + 597.2.
(2) TG-AN = (Fib1 * 2.49) + 709.0.
(3) TG-AN = (T1b * 2.45) + 726.5.
(4) TG-AN = (F1 * 2.28) + 597.6.
(5) TG-AN = (U1 * 3.31) + 753.8.
(6) TG-AN = (R1 * 2.75) + 945.1.
(7) TG-AN = (H1 * 3.08) + 646.7.

12.5 OLIVIER U.A. 1978

Für den Femur wird F2 erwartet; ggf. errechne man F2 als F1 minus 4 mm. Das Ergebnis der Schätzformeln wird durch 10 dividiert und ergibt die geschätzte Körperhöhe in Zentimetern.

114

Männer

Zunächst werden die zu bevorzugenden Formeln für den Fall, dass die betreffende Kombinationen von Langknochen erhalten ist, angewendet (1.1-1.15). Ansonsten wird in der durch die Nummerierung angegebenen Hierarchie über die einzelnen Knochen geschätzt. Sind nur die Strecken für eine Körperseite vorhanden, werden die Formeln für die linke resp. rechte Körperseite angewandt (2.1-6). Sind beide Körperseiten vorhanden, wird das Mittel der Messstrecken gebildet und die Formeln für beide Seite verwandt (3.1-6).

(1.1) K = (H1 * 0.593) + (F2 * 0.983) + (Fib1 * 1.384) + 539.0.
(1.2) K = (F2 * 1.213) + (Fib1 * 1.548) + 569.3.
(1.3) K = (H1 * 0.717) + (F2 * 1.012) + (T1b * 1.215) + 536.3.
(1.4) K = (F2 * 1.307) + (T1b * 1.388) + 573.4.
(1.5) K = (H1 * 1.273) + (T1b * 1.820) + 589.4.
(1.6) K = (H1 * 1.148) + (Fib1 * 1.966) + 592.8.
(1.7) K = (R1b * 1.562) + (F2 * 1.776) + 499.0.
(1.8) K = (R1b * 0.874) + (Fib1 * 2.271) + 648.4.
(1.9) K = (U1 * 1.234) + (F2 * 1.935) + 484.1
(1.10) K = (H1 * 1.121) + (F2 * 1.760) + 515.6.
(1.11) K = (U1 * 0.444) + (Fib1 * 2.492) + 664.3.
(1.12) K = (R1b * 1.189) + (T1b * 2.025) + 637.8.
(1.13) K = (U1 * 0.789) + (T1b * 2.248) + 644.7.
(1.14) K = (H1 * 1.893) + (R1b * 2.163) + 541.2.
(1.15) K = (H1 * 2.257) + (U1 * 1.586) + 532.9.

(2.1-li) K = (Fib1-li * 2.6841) + 709.6.
(2.2-li) K = (T1b-li * 2.5919) + 720.6.
(2.3-li) K = (F2-li * 2.4202) + 583.3.
(2.4-li) K = (H1-li * 3.1906) + 641.9.
(2.5-li) K = (R1b-li * 4.1780) + 681.3.
(2.6-li) K = (U1-li * 3.9582) + 667.1.

(2.1-re) K = (Fib1-re * 2.6559) + 721.0.
(2.2-re) K = (T1b-re * 2.6202) + 713.2.
(2.3-re) K = (F2-re * 2.4165) + 586.8.
(2.3-re) K = (H1-re * 3.1564) + 646.4.
(2.4-re) K = (R1b-re * 4.2865) + 648.5.
(2.5-re) K = (U1-re * 3.8656) + 682.4.

(3.1) K = (Fib1 * 2.6700) + 715.30.
(3.2) K = (T1b * 2.6061) + 716.90.
(3.3) K = (F2 * 2.4184) + 585.05.
(3.4) K = (H1 * 3.1735) + 644.15.
(3.5) K = (R1b * 4.2323) + 664.90.
(3.6) K = (U1* 3.9119) + 674.75.

Frauen

Die Formeln für Frauen sind errechnet für die Langknochen der linken Körperseite. Da Formeln für die rechte Seite und beide Körperseiten nicht publiziert wurden, werden sie für beide Körperseiten verwendet. Wie bei den Männern werden bei entsprechender Erhaltung bevorzugt die Formeln für Knochenkombinationen angewendet (1.1-9), ansonsten wird nach einem einzelnen erhaltenen Knochen geschätzt (2.1-5).

(1.1) K = (H1 * 0.771) + (F2 * 0.934) + (T1b * 1.114) + 565.4.
(1.2) K = (F2 * 1.513) + (T1b * 1.265) + 513.3.
(1.3) K = (U1 * 2.468) + (F2 * 1.236) + 484.1.
(1.4) K = (R1b * 2.408) + (F2 * 1.258) + 558.0.
(1.5) K = (H1 * 1.661) + (F2 * 1.240) + 543.3.
(1.6) K = (H1 * 1.549) + (U1 * 2.408) + 532.9.
(1.7) K = (H1 * 1.605) + (R1b * 2.316) + 609.4.
(1.8) K = (R1b * 2.841) + (T1b * 0.871) + 705.4.
(1.9) K = (U1 * 2.910) + (T1b * 0.838) + 625.3.

(2.1) K = (T1b * 2.3000) + 804.0.
(2.2) K = (F2 * 2.0960) + 702.0.
(2.3) K = (H1 * 3.0882) + 623.1.
(2.4) K = (R1b * 4.1337) + 703.0.
(2.5) K = (U1 * 4.0931) + 637.1.

12.6 SJØVOLD 1990

Die Formeln gelten gleichermaßen für Männer und Frauen. Es werden je nach Knochenerhaltung alle möglichen Werte berechnet (max. 6) und Anschließend der Mittelwert daraus gebildet. Das Ergebnis dividiert durch 10 ist die Körperhöhenschätzung in Zentimetern.

(1) K-1 = (H1 * 4.62) + 190.0.
(2) K-2 = (R1 * 3.78) + 747.0. *oder:* K = (R1b * 4.80) + 515.5.
(3) K-3 = (U1 * 4.61) + 468.3.
(4) K-4 = (F1 * 2.71) + 458.6. *oder:* K = (F2 * 3.01) + 325.2.
(5) K-5 = (T1 * 3.29) + 473.4. *oder:* K = (T1b * 3.67) + 295.0.
(6) K-6 = (Fib1 * 3.59) + 363.1.

12.7 FELDESMAN U.A. 1990

Die Schätzung beruht alleine auf dem Femur, sie gilt gleichermaßen für Männer wie Frauen.

Männer und Frauen
(1) K = (F1 * 10) / 26.74.

116

12.8 Formicola / Franceschi 1996

Die Körperhöhe wird je nach Knochenerhaltung gemäß der durch die Nummerierung angegebenen Hierarchie geschätzt.

Männer
(1) K = ((F2 + T1) * 1.30) + 604.2.
(2) K = (F1 * 2.55) + 520.8.
(3) K = (T1 * 2.79) + 634.1.
(4) K = (R1 * 4.38) + 579.0.
(5) K = (H1 * 4.04) + 380.5.

Frauen
(1) K = ((F2 + T1) * 1.33) + 545.7.
(2) K = (F1 * 2.61) + 460.5.
(3) K = (T1 * 2.80) + 595.8.
(4) K = (R1 * 3.98) + 651.2.
(5) K = (H1 * 3.75) + 446.4.

12.9 Raxter u.a. 2008

Es werden alternativ verwendet die Messstrecken F1 oder F2 sowie T1a oder T1b. Es werden, wenn möglich, jeweils F1 und T1b herangezogen. Angewendet wird die je nach Knochenerhaltung mögliche optimale Formel. Das Ergebnis dividiert durch 10 ergibt die geschätzte Körperhöhe in Zentimetern.

Männer
(1) K = ((F1 + T1a) * 1.282) + 593.5.
(2) K = ((F2 + T1a) * 1.276) + 606.4.
(3) K = (T1b* 2.552) + 701.8.
(4) K = (T1a * 2.554) + 692.1.
(5) K = (F1 * 2.257) + 639.3.
(6) K = (F2 * 2.253) + 647.6.
(7) K = ((H1 + R1) * 1.456) + 837.6.
(8) K = (R1 * 2.641) + 1009.1.
(9) K = (H1 * 2.594) + 838.5.

Frauen
(1) K = ((F2 + T1b) * 1.312) + 552.7.
(2) K = ((F1 + T1a) * 1.313) + 543.6.
(3) K = (T1b * 2.700) + 618.9.
(4) K = (T1a * 2.699) + 610.8.
(5) K = (F2 * 2.341) + 576.3.
(6) K = (F1 * 2.340) + 569.9.

(7) K = (H1 * 2.827) + 709.4.
(8) K = ((H1 + R1) * 1.291) + 864.1.
(9) K = (R1 * 2.509) + 967.3.

12.10 VERCELLOTTI U.A. 2009

Es wird je nach erhaltenen Knochen mit der optimalen Formel geschätzt. Das Ergebnis dividiert durch 10 ist die Körperhöhe in Zentimetern.

Männer
(1) K = ((F2+T1) * 1.50) + 469.
(2) K = (F2 * 2.70) + 481.
(3) K = (F1 * 2.61) + 515.
(4) K = (T1 * 2.91) + 631.
(5) K = (H1 * 3.11) + 677.
(6) K = (R1 * 1.92) + 1230.

Frauen
(1) K = ((F2+T1) * 1.55) + 390.
(2) K = (F2 * 2.89) + 365.
(3) K = (F1 * 2.89) + 353.
(4) K = (T1 * 2.79) + 614.
(5) K = (H1 * 3.11) + 630.
(6) K = (R1 * 3.45) + 785.

12.11 MAIJANEN / NISKANEN 2009

Es wird je nach erhaltenen Knochen mit der optimalen Formel geschätzt. Das Ergebnis dividiert durch 10 ist die Körperhöhe in Zentimetern.

Männer
(1) K = ((F2 + T1) * 1.62) + 353.3.
(2) K = ((F1 + T1) * 1.63) + 341.3.
(3) K = (F2 * 2.93) + 350.1.
(4) K = (F1 * 2.96) + 325.5.
(5) K = (Fib1 * 3.61) + 381.4.
(6) K = (T1 * 3.46) + 427.7.
(7) K = (U1 * 5.88) + 90.5.
(8) K = (R1 * 5.94) + 198.6.
(9) K = (H1 * 4.06) + 327.4.

118

Frauen
(1) K = ((F2 + T1) * 1.53) + 416.3.
(2) K = ((F1 + T1) * 1.49) + 442.7.
(3) K = (F2 * 2.94) + 343.0.
(4) K = (F1 * 2.79) + 396.3.
(5) K = (Fib1 * 3.19) + 518.8.
(6) K = (T1 * 2.98) + 572.6.
(7) K = (U1 * 5.92) + 95.9.
(8) K = (R1 * 6.10) + 174.1.
(9) K = (H1 * 3.95) + 348.2.

13 Liste der zitierten Literatur

Abels / Gaebele / Schröter 1972
Björn-Uwe Abels / Hartmut Gaebele / Peter Schröter, Die menschlichen Skelettreste aus dem Reihengräberfriedhof von Donzdorf, Kr. Göppingen. In: Eduard M. Neuffer, Der Reihengräberfriedhof von Donzdorf, Kr. Göppingen. Forschungen und Berichte zur Vor- und Frühgeschichte in Baden-Württemberg 2 (Stuttgart 1972) 109-118.

Alt / Vach 2004
Kurt W. Alt / Werner Vach, Verwandtschaftsanalyse im alemannischen Gräberfeld von Kirchheim / Ries. Basler Hefte zur Archäologie 3 (Basel 2004).

Auerbach / Ruff 2006
Benjamin M. Auerbach / Christopher B. Ruff, Limb bone bilateral asymmetry: variability and commonality among modern humans. Journal of Human Evolution 50, 2006, 203-218.

Auerbach / Ruff 2009
Benjamin M. Auerbach / Christopher B. Ruff, Stature estimation formulae for indigenous North American populations. American Journal of Physical Anthropology 2009 (‚early view'). DOI 10.1002/ajpa.21131

Bach A. 1978
Adelheid Bach, Neolithische Populationen im Mittelelbe-Saale-Gebiet. Weimarer Monografien zur Ur- und Frühgeschichte 1 (Weimar 1978).

Bach A. 1986
Adelheid Bach, Germanen, Slawen, Deutsche: Anthropologische Bearbeitung des frühmittelalterlichen Gräberfeldes von Rohnstedt, Kreis Sondershausen. Weimarer Monographien zur Ur- und Frühgeschichte 19 (Weimar 1986).

Bach H. 1965
Herbert Bach, Zur Berechnung der Körperhöhe aus den langen Gliedmaßen weiblicher Skelette. Anthropologischer Anzeiger 29, 1965, 12-21.

Bach / Dušek 1971
Herbert Bach / Sigrid Dušek, Slawen in Thüringen: Geschichte, Kultur und Anthropologie im 10. bis 12. Jahrhundert nach den Ausgrabungen bei Espenfeld. Veröffentlichungen des Museums für Ur- und Frühgeschichte Thüringens 2 (Weimar 1971).

Bay 1976
Roland Bay, Die anthropologische Bearbeitung des menschlichen Skelettmaterials des fränkischen Friedhofs am Bernerring in Basel. In: M. Martin, Das fränkische Gräberfeld von Basel-Bernerring. Basler Beiträge zur Ur- und Frühgeschichte 1 (Basel 1976) 317-368.

Barth 1969
Fredrik Barth (Hrsg.), Ethnic groups and boundaries. The social organisation of culture difference (Bergen u. a. 1969).

Becker 1985
Ina Becker, Zur Konstitution der frühgeschichtlichen Bevölkerung von Kirchheim unter Teck. Diplomarbeit math.-naturwiss. Fak. Universität Ulm 1985.

Berner 1988
Margit Berner, Das frühbronzezeitliche Gräberfeld von Franzhausen I: demographische und metrische Analyse (Diss. Wien 1988).

Boas 1912
Franz Boas, Changes in the bodily form of descendants of immigrants (New York 1912).

Böhme 1993
Horst Wolfgang Böhme, Adelsgräber im Frankenreich: Archäologische Zeugnisse zur Herausbildung einer Herrenschicht unter den merowingischen Königen. Jahrbuch des Römisch-Germanischen Zentralmuseums Mainz 40, 1993, 397-534.

Breitinger 1938
Emil Breitinger, Zur Berechnung der Körperhöhe aus den langen Gliedmassenknochen. Anthropologischer Anzeiger 14, 1937 (1938) 249-274.

Brunner 1972
John A. Brunner, Die frühmittelalterliche Bevölkerung von Bonaduz: Eine anthropologische Untersuchung. Schriftenreihe des Rätischen Museums Chur 14 (Chur 1972).

Burger-Heinrich 2001
Eva Burger-Heinrich, Die menschlichen Skelettreste aus dem Gräberfeld von Munzingen, Stadt Freiburg. In: A. M. Groove, Das alamannische Gräberfeld von Munzingen / Stadt Freiburg. Materialhefte zur Archäologie in Baden-Württemberg 54 (Stuttgart 2001) 347-424.

Cartmill / Brown 2003
Matt Cartmill / Kaye Brown, Surveying the Race Concept: A Reply to Lieberman, Kirk, and Littlefield. American Anthropologist 105, 2003, 114-115.

Caspari 2009
Rachel Caspari, 1918: Three perspectives on race and human variation. American Journal of Physical Anthropology 139(1), 2009, 5-15.

Claassen 1989
Horst Claassen, Untersuchungen zur Anthropologie und Paläopathologie des hallstattzeitlichen Menschen in der Oberpfalz. Biol. Diss. München 1989.

Creel 1966
Norman Creel, Die Skelette aus dem Reihengräberfriedhof Sontheim an der Brenz. In: Christiane Neuffer-Müller, Ein Reihengräberfriedhof in Sontheim an der Brenz (Kreis Heidenheim). Veröffentlichungen des Staatlichen Amtes für Denkmalpflege Stuttgart A 11 (Stuttgart 1966) 73-103.

Creel 1967
Norman Creel, Die menschlichen Skelettreste. In: Peter Paulsen, Alamannische Adelsgräber von Niederstotzingen (Kreis Heidenheim). Veröffentlichungen des Staatlichen Amtes für Denkmalpflege Stuttgart A 12/II (Stuttgart 1967) 27-32.

Cueni 1995
Andreas Cueni, Die menschlichen Gebeine. In: Georges Descœudres u.a., Sterben in Schwyz: Beharrung und Wandlung im Totenbrauchtum einer ländlichen Siedlung vom Spätmittelalter bis in die Neuzeit. Schweizer Beiträge zur Kulturgeschichte und Archäologie des Mittelalters 20/21 (Basel 1995) 125-144.

Czarnetzki 1978
Alfred Czarnetzki, Vier neolithische Steinkistenpopulationen aus Hessen und Niedersachsen. In: Ilse Schwidetzky (Hrsg.), Anthropologie 2. Fundamenta B3, 8b (Köln 1978) 218-240.

De Mendonça 2000
M. C. De Mendonça, Estimation of height from the length of long bones in a Portuguese adult population. American Journal of Physical Anthropology 112, 2000, 39-48.

Dobisíková u.a. 2003
Miluše Dobisíková / Petr Veleminský / Jana Veleminská / Milan Stloukal, Anthropologische Bearbeitung der Skelettüberreste aus Bulhary. Časopis Národního muzea, Řada přírodovědná 172, 2003, 21-44.

Dresely 2004
Veit Dresely, Schnurkeramik und Schnurkeramiker im Taubertal. Forschungen und Berichte zur Vor- und Frühgeschichte in Baden-Württemberg 81 (Stuttgart 2004).

Eble 1955
Johannes Eble, Die Reihengräberskelette von Nusplingen. Diss. Tübingen 1955.

Edgar 2009
Heather J. H. Edgar, Biohistorical approaches to ldquoracerdquo in the United States: Biological distances among African Americans, European Americans, and their ancestors. American Journal of Physical Anthropology 139, 2009, 58-67.

Ehrhardt / Simon 1971
Sophie Ehrhardt / Peter Simon, Skelettfunde der Urnenfelder- und Hallstattkultur in Württemberg und Hohenzollern. Naturwissenschaftliche Untersuchungen zur Vor- und Frühgeschichte in Württemberg und Hohenzollern 9 (Stuttgart 1971).

Éry 1968
Kinga Éry, Anthropological Studies on a Late Roman Population at Majs, Hungary. Anthropologia Hungarica 8, 1968, 31-58.

Éry 1973
Kinga Éry, Anthropological Data to the Late Roman Population at Pécs, Hungary. Anthropologia Hungarica 12, 1973, 63-114.

Éry 1996
Kinga Éry, The anthropological characteristics of the Late Avar population at Ártánd. Déri Múzeum: A Debreceni Déri Múzeum évkönyve 1994 (1996) 105-108.

Éry 1998
Kinga Éry, Length of limb bones and stature in ancient populations in the Carpathian Basin. Humanbiologia Budapestinensis 26 (Budapest 1998).

Etter 1982
Hansueli Etter, Die Bevölkerung vom Münsterhof. In: J. Scheider u.a., Der Münsterhof in Zürich. Bericht über die Stadtkernforschungen 1977/78 (Olten, Freiburg 1982) 179-212.

Fabrizii-Reuer / Reuer 2001
Susanne Fabrizii-Reuer / Egon Reuer, Das frühmittelalterliche Gräberfeld von Pottenbrunn, Niederösterreich: anthropologische Auswertung. Mitteilungen der Prähistorischen Kommission der Österreichischen Akademie der Wissenschaften 40 (Wien 2001).

Farkas / Lipták 1975
Gyula Farkas / Pál Lipták, Anthropologische Auswertung des bronzezeitlichen Gräberfelds bei Tápé. In: Ottó Trogmayer, Das bronzezeitliche Gräberfeld bei Tápé. Fontes Archaeologici Hungariae (Budapest 1975).

Feldesman u.a. 1990
Marc R. Feldesman / J. Geoffrey Kleckner / John K. Lundy, Femur / stature ratio and estimates of stature in mid- and late-pleistocene fossil hominids. American Jornal of Physical Anthropology 83, 1990, 359-372.

122

Feldesman / Fountain 1996
   Marc R. Feldesman / Robert L. Fountain, "Race" specificity and the femur / stature ratio. American Journal of Physical Anthropology 100, 1996, 207-224.
Ferembach 1974
   Dénise Ferembach, Le gisement mésolithique de Moita do Sebastião (Muge, Portugal) 2: Anthropologie (Lisboa 1974).
Formicola 1993
   Vincenzo Formicola, Stature reconstruction from long bones in ancient population samples: An approach to the problems of its reliability. American Journal of Physical Anthropology 90, 1993, 351-358.
Formicola 2003
   Vincenzo Formicola, More is not always better: Trotter and Gleser's equations and stature estimates of Upper Paleolithic European samples. Journal of Human Evolution 45, 2003, 239-243.
Formicola / Franceschi 1996
   Vincenzo Formicola / Marcello Franceschi, Regression equations for estimating stature from long bones of Early Holocene European samples. American Journal of Physical Anthropology 100, 1996, 83-88.
Formicola / Giannecchini 1999
   Vincenzo Formicola / Monica Giannecchini, Evolutionary trends of stature in Upper Paleolithic and Mesolithic Europe. Journal of Human Evolution 36, 1999, 319-333.
Fully 1956
   G. Fully, Une nouvelle méthode de détermination de la taille. Annales de Médecine Légale 36, 1956, 266-273.
Fully / Pineau 1960
   G. Fully / H. Pineau, Détermination de la stature au moyen du squelette. Annales de Médecine Légale 40, 1960, 145-153.
Gaida 1993
   Erika Gaida, Anthropologische Untersuchungen an den Skelettresten des ersten christlichen Friedhofs in Herford. In: Matthias Wemhoff, Das Damenstift Herford: Die archäologischen Ergebnisse zur Geschichte der Profan- und Sakralbauten seit dem späten 8. Jahrhundert. Denkmalpflege und Forschung in Westfalen 24 (Bonn 1993) 211-231.
Gallagher u.a. 2009
   A. Gallagher / M. M. Gunther / H. Bruchhaus, Population continuity, demic diffusion and Neolithic origins in central-southern Germany: The evidence from body proportions. Homo 60, 2009, 95–126.
Gejvall 1960
   Nils-Gustaf Gejvall, Westerhus: medieval population and church in the light of skeletal remains (Lund 1960).
Gerhardt 1975
   Kurt Gerhardt, Lauterhofen: zur Anthropologie des Reihengräberfeldes in der Flur ‚Geissäcker' und des Friedhofes bei St. Martin (München 1975).
Giannecchini / Moggi-Cecchi 2008
   Monica Giannecchini / Jacopo Moggi-Cecchi, Stature in archaeological samples from Central Italy: methodological issues and diachronic changes. American Journal of Physical Anthro-

pology 135, 2008, 284-292.

Godycki 1956

Michał Godycki, Ossa Polonica: wczesnośredniowieczne cmentarzysko na Ostrowie lednickim. Materiały i prace antropologiczne 11 (Wrocław 1956).

Gombay 1976

Ferenc Gombay, Die frühmittelalterliche Bevölkerung des schweizerischen Mittellandes (Zürich 1976).

Grahn-Hoek 1976

Heike Grahn-Hoek, Die fränkische Oberschicht im 6. Jahrhundert: Studien zu ihrer rechtlichen und politischen Stellung. Vorträge und Forschungen Sonderband 21 (Sigmaringen 1976).

Gravlee 2009

Clarence C. Gravlee, How race becomes biology: Embodiment of social inequality. American Journal of Physical Anthropology 139(1), 2009, 47-57.

Grefen-Peters 1987

Silke Grefen-Peters, Anthropologische und zoologische Auswertung. In: Falko Daim, Das awarische Gräberfeld von Leobersdorf, NÖ 2 (Wien 1987) 79-323.

Gregor 2003

Hans-Joachim Gregor, Anthropologische Untersuchungen am Skelettmaterial von Sandau, St. Benedikt. In: Hermann Dannheimer, Sandau: Archäologie im Areal eines altbaierischen Klosters des frühen Mittelalters. Münchner Beiträge zur Vor- und Frühgeschichte 55 (München 2003) 319-338.

Hackstein 1989

Katharina Hackstein, Ethnizität und Situation. Ǧaraś - eine vorderorientalische Kleinstadt. Beihefte Tübinger Atlas Vorderer Orient B 94 (Wiesbaden 1989).

Härke 1992

Heinrich Härke, Angelsächsische Waffengräber des 5. bis 7. Jahrhunderts. Zeitschrift für Archäologie des Mittelalters Beiheft 6 (Köln 1992).

Hasegawa u.a. 2009

Iwao Hasegawa / Kazuhiro Uenishi / Tatsushige Fukunaga / Ryousuke Kimura / Motoki Osawa, Stature estimation formulae from radiographically determined limb bone length in a modern Japanese population. Legal Medicine 2009 (‚early view‘, doi: 10.1016/ j.legalmed. 2009.07.004).

Haidle 1997

Miriam N. Haidle, Mangel - Krisen - Hungersnöte? Ernährungszustände in Süddeutschland und der Nordschweiz Vom Neolithikum bis ins 19. Jahrhundert. Urgeschichtliche Materialhefte 11 (Tübingen 1997).

Harris 1994

Bernard Harris, Health, height and history: An overview of recent research in anthropometric history. Social History of Medicine 7, 1994, 297-320.

Hauschild 1926

M. W. Hauschild, Die menschlichen Skelettfunde des Gräberfeldes von Anderten bei Hannover. Zeitschrift für Morphologie und Anthropologie 25, 1926, 221-242.

Hauser 1938

Ulrich Hauser, Anthropologische Untersuchung des alamannischen Gräberfeldes von

124

Oerlingen (Kt. Zürich). (Zürich 1938).

Hauser u.a. 2005

R. Hauser / J. Smoliski / T. Gos, The estimation of stature on the basis of measurements of the femur. Forensic Science International 147, 2005, 185-190.

Heinrich 2001

Wolfgang Heinrich, Zwentendorf: Ein Gräberfeld aus den 10.-11. Jahrhundert. Anthropologische Auswertung. Mitteilungen der Prähistorischen Kommission Wien 42 (Wien 2001).

Heinrich / Teschler-Nicola 1991

W. Heinrich / M. Teschler-Nicola, Zur Anthropologie des Gräberfeldes F von Gemeinlebarn, Niederösterreich. In: Johannes-Wolfgang Neugebauer, Die Nekropole F von Gemeinlebarn, Niederösterreich: Untersuchungen zu den Bestattungssitten und zum Grabraub in der ausgehenden Frühbronzezeit in Niederösterreich südlich der Donau zwischen Enns und Wienerwald. Römisch-germanische Forschungen 49 (Mainz 1991) 222-262.

Helmuth 1996

Hermann Helmuth, Anthropologische Untersuchungen zu den Skeletten von Altenerding. In: H. Helmuth / D. Ankner / H.-J. Hundt, Das Reihengräberfeld von Altenerding in Oberbayern II. Anthropologie, Damaszierung und Textilfunde. Germanische Denkmäler der Völkerwanderungszeit A 18 (Mainz 1996) 1-143.

Henke 1983

Winfried Henke, Die menschlichen Skelettreste aus der St. Dionysius-Kirche in Seppenrade. In: Alfred Zeischka, Seppenrade: Ausgrabung einer münsterländischen Dorfkirche 1976/77. Denkmalpflege und Forschung in Westfalen 5 (Bonn 1983) 98-116.

Henke / Nedder 1981

Winfried Henke / Karl-Heinz Nedder, Zur Anthropologie der fränkischen Bevölkerung von Rübenach. Bonner Jahrbücher 181, 1981, 395-419.

Hermanussen 1997

M. Hermanussen, Catch-up in final height after unification of Germany. Acta medica auxologica 29(3), 1997, 135-141.

Herrmann u.a. 1990

B. Herrmann / G. Grupe / S. Hummel / H. Piepenbrink / H. Schutkowski, Prähistorische Anthropologie: Leitfaden der Feld- und Labormethoden (Berlin u.a. 1990).

Heuertz 1957

Marcel Heuertz, Etude des squelettes du cimetière franc d'Ennery (Moselle). Bulletin et Mémoires de la Société d'Anthropologie de Paris 1957, 82-141.

Hitzeroth 1963

Helmuth Walter Hitzeroth, A morphogenetic study of the Alemanne skeletons exhumed at Schretzheim (Germany) with special reference to the skull (Pretoria 1963).

Hollack / Kunter 2001

Barbara Hollack / Manfred Kunter, Die menschlichen Skelettreste aus dem frühmittelalterlichen Gräberfeld von Eichstetten am Kaiserstuhl. In: B. Sasse, Ein frühmittelalterliches Reihengräberfeld bei Eichstetten am Kaiserstuhl. Forschungen und Berichte zur Vor- und Frühgeschichte in Baden-Württemberg 75 (Stuttgart 2001) 441-474.

Hunley u.a. 2009

Keith L. Hunley / Meghan E. Healy / Jeffrey C. Long, The global pattern of gene identity variation reveals a history of long-range migrations, bottlenecks, and local mate exchange:

Implications for biological race. American Journal of Physical Anthropology 139(1), 2009, 35-46.

Hunt / Albanese 2005

David R. Hunt / John Albanese, History and demographic composition of the Robert J. Terry Anatomical Collection. American Journal of Physical Anthropology 127, 2005, 406-417.

Ivaniček 1951

Franjo Ivaniček, Staroslavenska nekropola u Ptuju: rezultati antropoloških istraživanja. Dela - Slovenska akademija znanosti in umetnosti. Razred za zgodovinske in družebne vede 5 (Ljubljana 1951).

Ihm 1943

Marie-Luise Ihm, Gliedmaßenknochen und Körpergröße der Mengener Alemannen. Berichte der Naturforschenden Gesellschaft zu Freiburg i.Br. 38, 1943, 141-166.

Jacobshagen / Kunter 1999

Burkhard Jacobshagen / Manfred Kunter, Die mittelneolithischen Skelettpopulationen aus Trebur, Kreis Groß-Gerau: Ergebnisse der anthropologischen Bearbeitung. In: Helmut Spatz, Das mittelneolithische Gräberfeld Trebur, Kreis Groß-Gerau. Materialien zur Vor- und Frühgeschichte von Hessen 19 (Wiesbaden 1999) 281-332.

Jantz u.a. 1994

R. L. Jantz / David R. Hunt / Lee Meadows, Maximum length of the tibia: How did Trotter measure it? American Journal of Physical Anthropology 93, 1994, 525-528.

Kaszycka / Strziko 2003

Katarzyna A. Kaszycka / Jan Strziko, ‚Race' - Still an issue for Physical Anthropology? Results of Polish studies seen in the light of the U.S. findings. American Anthropologist 105(1), 2003, 116 - 124.

Kahane u.a. 1996

T. Kahana / E. Lipstein / J. Hiss, Estimation of height in the Israeli population: a revision of the standard regression formulae. Science & Justice 36, 1996, 81-84.

Kaufmann 1997

Bruno Kaufmann, Anthropologische Bearbeitung des frühmittelalterlichen Gräberfeldes von Vuippens / La Palaz. In: H. Schwab / C. Buchiller / B. Kaufmann, Vuippens / La Palaz: Le site gallo-romain et la necropole du Haut Moyen Age. Archéologie fribourgeoise 10 (Fribourg 1997) 254-296.

Kaufmann / Schoch 1983

Bruno Kaufmann / Monika Schoch, Ried / Mühlehölzli: Ein Gräberfeld mit frühmittelalterlichen und hallstattzeitlichen Bestattungen - Anthropologie. Archéologie Fribourgeoise 1b (Fribourg 1983).

Kaufmann / Xirotiris 1991

Bruno Kaufmann / Nikolaus Xirotiris, Anthropologische Bearbeitung der menschlichen Skelettreste aus dem frühmittelalterlichen Gräberfeld Berslingen SH. Zeitschrift für Schweizerische Archäologie und Kunstgeschichte 48, 1991, 243-280.

Kemkes-Grottenthaler 2005

Ariane Kemkes-Grottenthaler, The short die young: The interrelationship between stature and longevity - Evidence from skeletal remains. American Journal of Physical Anthropology 128, 2005, 340-347.

Kermack / Haldane 1950
K. A. Kermack / J. B. S. Haldane, Organic correlation and allometry. Biometrika 37, 1950, 30-41.

Kirchengast / Winkler 1991
Sylvia Kirchengast / Eike-Meinrad Winkler, Populations- und schichtspezifische Körperhöhenunterschiede in Österreich von der Römerzeit bis zum Barock. Mitteilungen der Anthropologischen Gesellschaft Wien 121, 1991, 203-220.

Kiszely 1979
István Kiszely, The anthropology of the Lombards. British Archaeological Reports, International Series 61,1-2 (Oxford 1979).

Klug 1987
St. Klug, Čipulić-Bugojno: Ein Beitrag zur Anthropologie mittelalterlicher Südslawen. Homo 38, 1987, 16-33.

Knussmann / Knussmann 1978
Rainer Knussmann / Renate Knussmann, Die Skelettreste der Rössener und Michelsberger Kulturepoche. In: Ilse Schwidetzky (Hrsg.), Anthropologie 2. Fundamenta B3, 8b (Köln 1978) 164-217.

Koch 1977
Ursula Koch, Das Reihengräberfeld bei Schretzheim. Germanische Denkmäler der Völkerwanderungszeit A 13 (Berlin 1977).

Koch 2004
Ursula Koch, Schretzheim. Reallexikon der Germanischen Altertumskunde 27 (Berlin 2004) 294-302.

Koch 2007
Ursula Koch, Mannheim unter fränkischer Herrschaft: Die merowingerzeitlichen Grabfunde aus dem Stadtgebiet. In: H. Probst (Hrsg.), Die Frankenzeit. Mannheim vor der Stadtgründung I,1 (Regenburg 2007) 10-420.

Koepke / Baten 2005
Nikola Koepke / Jörg Baten, The biological standard of living in Europe during the last two millennia. European Review of Economic History 9, 2005, 61-95.

Komlos 1994
John Komlos (ed.), Stature, living standards and economic development: Essays in anthropometric history (Chicago 1994).

Komlos 2009
John Komlos, Recent trends in height by gender and ethnicity in the US in relation to levels of income. National Bureau of Economin Research, Working Papers Series 14635 (Cambridge, Mass. 2009). - http://www.nber.org/papers/w14635

Komlos / Baten 1998
John Komlos / Jörg Baten (eds.), The biological standard of living in comparative perspective: contributions to the conference held in Munich, January 18-22, 1997, for the XIIth congress of the International Economic History Association (Stuttgart 1998).

Konieczka / Kunter 1999
Petra Konieczka / Manfred Kunter, Die menschlichen Skelettreste aus dem alamannischen Gräberfeld von Stetten an der Donau (Kreis Tuttlingen). In: M. Weis, Ein Gräberfeld der späten Merowingerzeit bei Stetten an der Donau. Materialhefte zur Archäologie in Baden-

Württemberg (Stuttgart 1999) 238-327.

Kramp 1939

P. Kramp, Die bajuvarischen Reihengräberskelette vom Riegeranger in München-Giesing. Anthropologischer Anzeiger 14, 1939.

Kriwy u.a. 2003

Peter Kriwy / John Komlos / Marieluise Baur, Soziale Schicht und Körpergrösse in Ost- und Westdeutschland. Kölner Zeitschrift für Soziologie und Sozialpsychologie 55 (3), 2003, 543-556.

Kunter 1977

Manfred Kunter, Anthropologische Untersuchungen der menschlichen Skelettreste aus dem eisenzeitlichen Friedhof. Kāmid el-Lōz 4. Saarbrücker Beiträge zur Altertumskunde 19 (Bonn 1977).

Kunter 1999

Manfred Kunter, Anthropologische Untersuchung menschlicher Skelettreste aus dem Gräberfeld von Bohlingen, Kr. Konstanz. In: C. Theune, Frühmittelalterliche Grabfunde im Hegau. Universitätsforschungen zur Prähistorischen Archäologie 54 (Bonn 1999) 204-230.

Kunter / Wittwer-Backofen 1996

Manfred Kunter / Ursula Wittwer-Backofen, Die Franken - Anthropologische Rekonstruktionen im östlichen Siedlungsgebiet. In: Die Franken - Wegbereiter Europas 2 (Mannheim 1996) 653-661.

Kurth 1950

Gottfried Kurth, Über die Verwendbarkeit der Grablänge vor- und frühgeschichtlicher Reihengräberserien zur Bestimmung einer genauen Körperhöhe. Zeitschrift für Morphologie und Anthropologie 42, 1950, 293-306.

Kurth 1954

Gottfried Kurth, Ein Beitrag zur Vergleichbarkeit errechneter Körperhöhen (nach Manouvrier, Pearson, Telkkä und Breitinger). Zeitschrift für Morphologie und Anthropologie 46, 1954, 317-370.

Lieberman u.a. 2003

Leonard Lieberman / Rodney C. Kirk / Alice Littlefield, Perishing Paradigm: Race - 1931-99. American Anthropologist 105(1), 2003, 110-113.

Lipták 1955

Pál Lipták, Recherches anthropologiques sur les ossements Avares des environs d' Üllő. Acta Archaeologica Hungaricae 5, 1955, 231-316.

Lipták 1957

Pál Lipták, Awaren und Mayaren im Donau - Theiss Zwischenstromgebiet: Zur Anthropologie des VII.-XIII. Jahrhunderts. Acta Archaeologica Hungaricae 8, 1957 (1958), 199-268.

Lipták / Farkas 1967

Pal Lipták / Gyula Farkas, Anthropologische Untersuchung an den aus der Urzeit und dem 10.-11. Jahrhundert stammenden Skelettmaterialen des Gräberfeldes Békés-Povádzug. Anthropologiai Közlemények 11, 1967, 127-163.

Long u.a. 2009

Jeffrey C. Long / Jie Li / Meghan E. Healy, Human DNA sequences: More variation and less race. American Journal of Physical Anthropology 139(1), 2009, 23-34.

Maat 2005
G. J. R. Maat, Two millennia of male stature developement and population health and wealth in the Low Countries. International Journal of Osteoarchaeology 15, 2005, 276-290.

Maijanen 2009
Heili Maijanen, Testing anatomical methods for stature estimation on individuals from the W. M. Bass donated skeletal collection. Journal of Forensic Sciences 54, 2009, 746-752.

Maijanen / Niskanen 2009
Heli Maijanen / Markku Niskanen, New regression equations for stature estimation for medieval Scandinavians. International Journal of Osteoanthropology 15, 2009 (*"early view"*; DOI: 10.1002/oa.1071).

Manouvrier 1892
Léonce Manouvrier, La détermination de la taille d'après les grands os des membres (Paris 1892).

Martin M. 1976
Max Martin, Das fränkische Gräberfeld von Basel-Bernerring. Basler Beiträge zur Ur- und Frühgeschichte 1 (Basel 1976).

Martin R. 1914
Rudolf Martin, Lehrbuch der Anthropologie in systematischer Darstellung (Jena 1914).

Martin R. 1928
Rudolf Martin, Lehrbuch der Anthropologie in systematischer Darstellung. 2. Auflage (Jena 1928).

Martin / Saller 1957
Rudolf Martin / Karl Saller, Lehrbuch der Anthropologie in systematischer Darstellung. 3. Auflage (Stuttgart 1957).

Mielke u.a. 2006
James H. Mielke / Lyle W. Konigsberg / John H. Relethford, Human biological variation (Oxford 2006).

Moinat / Simon 1986
P. Moinat / C. Simon, Nécropole de Chamblandes-Pully, nouvelles observations. Jahrbuch der Schweizerischen Gesellschaft für Ur- und Frühgeschichte 69, 1986, 39-55.

Muth 1987
Hannelore Muth, Osteologie und Sozialanthropologie: Anthropologische Untersuchungen an den Skeletten aus dem Reihengräberfeld von Fridingen, Kreis Tuttlingen. Diplomarbeit Hamburg 1987.

Neuffer-Müller 1983
Christiane Neuffer-Müller, Der alamannische Adelsbestattungsplatz und die Reihengräber-friedhöfe von Kirchheim am Ries (Ostalbkreis). Forschungen und Berichte zur Vor- und Frühgeschichte in Baden-Württemberg (Stuttgart 1983).

Nemeskéri / Szathmáry 1978
J. Nemeskèri / L. Szathmáry, Anthropology. In: Dragoslav Srejović / Zagorka Letica, Vlasač, a mesolithic settlement in the Iron Gates 2. Department of historical sciences 5 (Belgrad 1978) 177-229.

Nemeskéri u.a. 1954
J. Nemeskéri / P. Lipták / B. Szöke, Le cimetiere du XIe siècle de Kérpuszta. Acta Archaeo-logica Hungaricae 3, 1953 (1954) 205-370.

Obertová 2008

Zuzana Obertová, The early medieval Alamannic population at Horb-Altheim (450-510 A.D.). BioArchaeologica 4 (Rahden 2008).

Olivier u.a. 1978

G. Olivier / C. Aaron / G. Fully / G. Tissier, New estimations of stature and cranial capacity in modern man. Journal of Human Evolution 7, 1978, 513-518.

Ousley 1995

Stephen Ousley, Should we estimate biological or forensic stature? Journal of Forensic Sciences 40(5), 1995, 768-773.

Ousley u.a. 2009

Stephen Ousley / Richard Jantz / Donna Freid, Understanding race and human variation: Why forensic anthropologists are good at identifying race. American Journal of Physical Anthropology 139(1), 2009, 68-76.

Papageorgopoulou 2008

Christina Papageorgopoulou, The medieval population of Tomils: an archaeo-anthropological approach. Phil. Diss. Basel 2008.

Parfitt / Brugmann 1997

Keith Parfitt / Birte Brugmann, The Anglo-Saxon cemetery on Mill Hill, Deal, Kent. The Society for Medieval Archaeology, monograph series 14 (London 1997).

Pauli 1972

Ludwig Pauli, Untersuchungen zur Späthallstattkultur in Nordwürttemberg. Analyse eines Kleinraumes im Grenzbereich zweier Kulturen. Hamburger Beiträge zur Archäologie II,1 (Hamburg 1972).

Pearson 1899

Karl Pearson, On the reconstruction of the stature of prehistoric races. Mathematical contributions to the theory of evolution 5. Philosophical transactions of the Royal Society of London A 192 (London 1899) 169-244.

Perscheid 1974

M. Perscheid, Das Mainzer Lochkartenarchiv für postkraniales Skelettmaterial prähistorischer Populationen. Homo 25, 1974, 121-125.

Petersen 2005

H. C. Petersen, On the accuracy of estimating living stature from skeletal length in the grave and by linear regression. International Journal of Osteoarchaeology 15, 2005, 106-114.

Pichlerová / Stloukal 1977

Magda Pichlerová / Milan Stloukal, Kostrové hroby z římského pohřebiště II v Gerulatě. Časopis národního muzea v Praze, Řada přírodovědná 146, 1977, 28-40.

Pilarić / Schwidetzky 1987

G. Pilarić / I. Schwidetzky, Vovar und Bribir: Beitrag zur Anthropologie mittelalterlicher Südslawen. Homo 38, 1987, 1-15.

Pilet u.a. 1994

Christian Pilet (Hrsg.), La nécropole de Saint-Martin-de-Fontenay: recherches sur le peuplement de la plaine de Caen du Ve s. avant J.-C. au VIIe s. après J.-C. (Paris 1994).

Porter 2002

Alan M. W. Porter, Estimation of body size and physique from hominin skeletal remains. Homo 53, 2002, 17-28.

Preuschoft 1964

Holger Preuschoft, Die Skelettreste aus dem Gräberfeld von Nebringen. In: Werner Krämer, Das keltische Gräberfeld von Nebringen (Kreis Böblingen). Veröffentlichungen des Staatlichen Amtes für Denkmalpflege Stuttgart A 8 (Stuttgart 1964) 31-37.

Preuschoft / Schneider 1972

Holger Preuschoft / Herbert Schneider, Die Skelettreste aus der Grabung St. Veit. In: Günther P. Fehring, Unterregenbach: Kirchen, Herrensitz, Siedlungsbereiche. Forschungen und Berichte der Archäologie des Mittelalters in Baden-Württemberg 1(Stuttgart 1972) 241-265.

Radoiniva u.a. 2002

D. Radoinova / K. Tenekedjiev / Y. Yordanov, Stature estimation from long bone length in Bulgarians. Homo 52(3), 2002, 221-232.

Raxter u.a. 2006

Michelle H. Raxter / Benjamin M. Auerbach / Christopher B. Ruff, Revision of the Fully technique for estimating statures. American Journal of Physical Anthropology 130, 2006, 374-384.

Raxter u.a. 2008

Michelle H. Raxter / Christopher B. Ruff / Ayman Azab / Moushira Erfan / Muhammad Soliman / Aly El-Sawaf, Stature estimation in Ancient Egyptians: A new technique based on anatomical reconstruction of stature. American Journal of Physical Anthropology 136, 2008, 147-155.

Reichelt u.a. 2003

Elke Reichelt / Marco Häckel / Horst Bruchhaus, Die Schätzung der Körperhöhe am Beispiel eines mittelalterlichen Gräberfeldes - eine kritische Betrachtung. In: N. Benecke (Hrsg.), Beiträge zur Archäozoologie und Prähistorischen Anthropologie 4 (Konstanz 2003) 178-181.

Relethford 2005

John H. Relethford, The human species: An introduction to Biological Anthropology. 6th ed. (New York 2005).

Relethford 2009

John H. Relethford, Race and global patterns of phenotypic variation. American Journal of Physical Anthropology 139(1), 2009, 16-22.

Rösing 1975

Friedrich W. Rösing, Die fränkische Bevölkerung von Mannheim - Vogelstang (6.-7. Jh.) und die merowingerzeitlichen Germanengruppen Europas. Biol. Diss. Hamburg 1975.

Rösing 1988

Friedrich W. Rösing, Körperhöhenrekonstruktion aus Skelettmaßen. In: R. Knussmann (Hrsg.), Anthropologie: Handbuch der vergleichenden Biologie des Menschen 1 (Stuttgart 1988) 586-600.

Rösing 1990

Friedrich W. Rösing, Qubbet el Hawa: Zur Bevölkerungsgeschichte von Ägypten (Stuttgart 1990).

Rollet 1888

Etienne Rollet, De la mensuration des os longs des membres dans ses rapports avec l'anthropologie, la clinique et la médicine judicaire (Lyon 1888).

Sarama 1956

Leszek Sarama, Crania et alia ossa Polonica: wczesnośredniowieczne cmentarzysko w Samborcu. Materiały i prace antropologiczne 7 (Wrocław 1956).

Sasse 2001

Barbara Sasse, Ein frühmittelalterliches Reihengräberfeld bei Eichstetten am Kaiserstuhl. Forschungen und Berichte zur Vor- und Frühgeschichte in Baden-Württemberg 75 (Stuttgart 2001).

Schenk 1903

A. Schenk, Les sépultures et les populations préhistoriques de Chamblandes: le paléolithique et le neolithique. Bulletin de la Société Vaudoise des Sciences Naturelles 38-39, 1903, 153-156.

Schmidt u.a. 2007a

Katrin Schmidt / Ronny Bindl / Horst Bruchhaus, Körperhöhenschätzung an ausgewählten neolithischen und bronzezeitlichen Skeletten. Archäologische Informationen 30, 2007, 51-69.

Schmidt u.a. 2007b

Katrin Schmidt / Ronny Bindl / Horst Bruchhaus, Möglichkeiten der Körperhöhenschätzung am Beispiel ausgewählter schnurkeramischer Skelette. In: N. Benecke (Hrsg.), Beiträge zur Archäozoologie und Prähistorischen Anthropologie 6 (Weißbach 2007) 194-204.

Schneiter 1939

Carl Schneiter, Die Skelette aus den Alamannengräbern des Zürichsee-, Limmat- und Glattales (inklusive Greifensee und Pfäffikerseegebietes) - Eine anthropologische Untersuchung. Phil. Diss. Zürich 1939.

Schumacher / Knussmann 1978

A. Schumacher / R. Knussmann, Soziale Körperhöhenunterschiede bei Geschwistern. Homo 29, 1978, 173-176.

Schwidetzky 1984

Ilse Schwidetzky, Data banks and multivariate statistics in physical anthropology. In: Gerrit Nanning van Vark / William White Howells (eds.), Multivariate statistical methods in physical anthropology: a review of recent advances and current developments (Dordrecht 1984).

Siegmann 2004

Maren Siegmann, Scheiterhaufen, Körpergräber, Baggerlöcher: Neue Forschungen zur Chronologie der gemischtbelegten Gräberfelder von Liebenau und Dörverden und das Frühmittelalter in Niedersachsen. Nachrichten aus Niedersachsens Urgeschichte 73, 2004, 123-148.

Siegmund 2000

Frank Siegmund, Alemannen und Franken. Archäologische Studie zu Ethnien und ihren Siedlungsräumen in der Merowingerzeit. Ergänzungsbände zum Reallexikon der Germanischen Altertumskunde 23 (Berlin, New York 2000).

Siegmund 2009

Frank Siegmund, Ethnische und kulturelle Gruppen im frühen Mittelalter aus archäologischer Sicht. In: Dirk Krausse / Oliver Nakoinz (Hrsg.), Kulturraum und Territorialität: Archäologische Theorien, Methoden und Fallbeispiele. Kolloquium des DFG-SPP 1171, Esslingen 17.-18. Jan. 2007. Internationale Archäologie - Arbeitsgemeinschaft, Symposium, Tagung, Kongress 13 (Rahden 2009) 143-157.

Siegmund (*im Druck*, a)
Frank Siegmund, Klimaindikatoren für das Holozän und ihre Anwendung auf das Schweizer Seeuferneolithikum. In: Jutta Meurers-Balke / Werner Schön (Hrsg.), Gedenkschrift Jürgen Hoika. Archäologische Berichte 22 (Bonn 2011) 187-213.

Siegmund (*im Druck, b*)
Frank Siegmund, Die Bevölkerungsdichte der Merowingerzeit. In: K. P. Wendt / J. Hilpert / A. Zimmermann, Landschaftarchäologie III: Untersuchungen zur Bevölkerungsdichte der vorrömischen Eisenzeit, der Merowingerzeit und der späten vorindustriellen Neuzeit an Mittel- und Niederrhein. Bericht der Römisch-Germanischen Kommission 91, 2010 (2012), 217-338.

Sirocko 2009
Frank Sirocko (Hrsg.), Wetter, Klima, Menschheitsentwicklung von der Eiszeit bis ins 21. Jahrhundert (Stuttgart 2009).

Sjøvold 1990
Torstein Sjøvold, Estimation of stature from long bones utilizing the line of organic correlation. Human Evolution 5, 1990, 431-447.

Sjøvold 2005
Torstein Sjøvold, Stature estimation from the skeleton. In: Jason Payne-James / Roger W. Byard / Tracey Corey / Carol Henderson (eds.), Encyclopedia of forensic and legal medicine 1 (London 2005) 100-105.

Sokal / Rohlfs 1995
R. R. Sokal / F. J. Rohlfs, Biometry: the principles and practice of statistics in biological research. 3rd ed. (New York 1995).

Stebler-Cauzzo 1997
Anna Stebler-Cauzzo, Die frühmittelalterlichen Gräber von Oerlingen / Kleinandelfingen. Zeitschrift für Schweizerische Archäologie und Kunstgeschichte 54, 1997, 245-300.

Steuer 1997
Heiko Steuer, Krieger und Bauern - Bauernkrieger: Die gesellschaftliche Ordnung der Alamannen. In: Archäologisches Landesmuseum Baden-Württemberg (Hrsg.), Die Alamannen (Stuttgart 1997) 275-287.

Stloukal / Hanáková 1978
Milan Stloukal / Hana Hanáková, Die Länge der Längsknochen altslawischer Bevölkerungen, unter besonderer Berücksichtigung von Wachstumsfragen. Homo 29, 1978, 53-69.

Telkkä 1950
Antti Telkkä, On the prediction of human stature from the long bone. Acta Anatomica 9, 1950, 103-117.

Teschler-Nicola 1989
M. Teschler-Nicola, Soziale und biologische Differenzierung in der frühen Bronzezeit am Beispiel des Gräberfeldes F von Gemeinlebarn, Niederösterreich. Annalen des Naturhistorischen Museums Wien 90, 1989, 135-145.

Trotter 1970
Mildred Trotter, Estimation of stature from intact long limb bones. In: T. D. Stewart (ed.), Personel identification in mass disasters (Washington 1970) 71-83.

Trotter / Gleser 1952
Mildred Trotter / Goldine C. Gleser, Estimation of stature from long bones of American

Whites and Negroes. American Journal of Physical Anthropology 10, 1952, 463-514 und 355-356.

Trotter / Gleser 1958

Mildred Glotter / Goldine C. Gleser, A re-evaluation of estimation of stature based on measurements of stature taken during life and of long bones after death. American Jornal of Physical Anthropology 16, 1958, 79-123.

Trotter / Gleser 1977

Mildred Glotter / Goldine C. Gleser, Corrigenda to „Estimation of stature from long limb bones of American Whites and Negroes", American Journal of Physical Anthropology (1952). American Journal Physical Anthropology 47, 1977, 355-356.

Trudel 1938

Walter Trudel, Die Alamannen von Elgg (Kt. Zürich): eine anthropologische Untersuchung (Diss. Phil.-hist. Fak. Univ. Zürich 1938).

Ullrich 1972

Herbert Ullrich, Anthropologische Untersuchungen zur Frage nach Entstehung und Verwandtschaft der thüringischen, böhmischen und mährischen Aunjetitzer. Das Aunjetitzer Gräberfeld von Grossbrembach 1. Veröffentlichungen des Museums für Ur- und Frühgeschichte Thüringens 3 (Weimar 1972).

Ulrich-Bochsler 1983

Susi Ulrich-Bochsler, Die Skelettreste aus den Gräbern der Kirche Kirchlindach. In: Peter Eggenberg / Werner Stöckli, Kirchlindach: Reformierte Stadtkirche (Bern 1983) 71-94.

Ulrich-Bochsler 1988a

Susi Ulrich-Bochsler, Die anthropologischen Forschungen. In: Peter Eggenberger / Heinz Kellenberger / Susi Ulrich-Bochsler, Twann: Reformierte Pfarrkirche (Bern 1988) 69-80.

Ulrich-Bochsler 1988b

Susi Ulrich-Bochsler, Die anthropologischen Forschungen. In: Peter Eggenberger, Monique Rast Cotting / Susi Ulrich-Bochsler, Rohrbach: Reformierte Pfarrkirche (Bern 1988) 103-111.

Ulrich-Bochsler 2006

Susi Ulrich-Bochsler, Anthropologische Rekonstruktion einer frühmittelalterlichen Bevölkerung aus dem Berner Seeland. In: Christiane Kissling / Susi Ulrich-Bochsler, Kallnach-Bergweg: Das frühmittelalterliche Gräberfeld und das spätrömische Gebäude (Bern 2006) 113-176.

Ulrich-Bochsler / Meyer 1992

Susi Ulrich-Bochsler / Liselotte Meyer, Die anthropologischen Forschungen. In: Peter Eggenberger / Martin Bossert / Susi Ulrich-Bochsler, Walkringen: Reformierte Pfarrkirche (Bern 1992).

Ulrich-Bochsler / Meyer 1994

Susi Ulrich-Bochsler /Liselotte Meyer, Die anthropologischen Forschungen. In: Peter Eggenberger / Susi Ulrich-Bochsler, Steffisburg: Reformierte Stadtkirche (Bern 1994) 101-159.

Ulijaszek u.a. 1998

Stanley J. Ulijaszek / Francis E. Johnston / Michael A. Preece (eds.), The Cambridge Encyclopedia of Human Growth and Development (Cambridge 1998).

Vercellotti u.a. 2009

Giuseppe Vercellotti / Amanda M. Agnew / Hedy M. Justus / Paul W. Sciulli, Stature estimation in an early medieval (XI-XII c.) Polish population: Testing the accuracy of regression equations in a bioarcheological sample. American Journal of Physical Anthropology 140, 2009, 135-142. - DOI 10.1002/ajpa.21055

Wahl / König 1987

Joachim Wahl / Hans Günter König, Anthropologisch-traumatologische Untersuchung der menschlichen Skelettreste aus dem bandkeramischen Massengrab bei Talheim, Kreis Heilbronn. Fundberichte aus Baden-Württemberg 12, 1987, 65-186.

Wahl / Kokabi 1988

Joachim Wahl / Mostefa Kokabi, Das römische Gräberfeld von Stettfeld I: Osteologische Untersuchung der Knochenreste aus dem Gräberfeld. Forschungen und Berichte zur Vor- und Frühgeschichte in Baden-Württemberg 29 (Stuttgart 1988).

Wahl u.a. 1997

Joachim Wahl / Ursula Wittwer-Backofen / Manfred Kunter, Zwischen Masse und Klasse: Alamannen im Blickfeld der Anthropologie. In: Die Alamannen. Hsrg. vom Archäologisches Landesmuseum Baden-Württemberg (Stuttgart 1997) 337-348.

Wahl 2008

Joachim Wahl, Profan oder kultisch - bestattet oder entsorgt? Die menschlichen Skelettreste aus den Michelsberger Erdwerken von Heilbronn-Klingenberg, Neckarsulm-Obereisesheim und Ilsfeld. In: Ute Seidel, Michelsberger Erdwerke im Raum Heilbronn: Neckarsulm-Obereisesheim ‚Hetzenberg' und Ilsfeld ‚Ebene', Lkr. Heilbronn, Heilbronn-Klingenberg, ‚Schlossberg', Stadkreis Heilbronn. Materialhefte zur Archäologie in Baden-Württemberg 81 Bd. 3 (Stuttgart 2008) 703-842.

Weidemann 1995

Margarethe Weidemann, Adel im Merowingerreich: Untersuchungen zu seiner Rechtsstellung. Jahrbuch des Römisch-Germanischen Zentralmuseums Mainz 40, 1993 (1995), 535-555.

Weis 1999

Matthias Weis, Ein Gräberfeld der späten Merowingerzeit bei Stetten an der Donau. Materialhefte zur Archäologie in Baden-Württemberg (Stuttgart 1999).

Wenger 1957

S. Wenger, Donneés ostéométriques sur le materiel anthropologique du cimetière d'Alattyán-Tulát, provenant de l'epoque avare. Crania Hungarica 2, 1957, 1-55.

Wenger 1972

S. Wenger, Anthropological examination of the osteological material deriving from the Avar Period cemetery at Tiszavasvár (Hungary). Anthropogia Hungarica 11, 1972, 5-81.

Wiltschke-Schrotta / Teschler-Nicola 1991

Karin Wiltschke-Schrotta / Maria Teschler-Nicola, Das spätantike Gräberfeld von Lentia / Linz, Tiefer Graben / Flügelhofgasse: Anthropologische Auswertung. Linzer Archäologische Forschungen 19 (Linz 1991).

Woitek 2003

Ulrich Woitek, Height cycles in the 18th and 19th centuries. Economics and Human Biology 1, 2003, 243-257.

Wurm 1982

Helmut Wurm, Über die Schwankungen der durchschnittlichen Körperhöhe im Verlauf der deutschen Geschichte und die Einflüsse des Eiweissanteiles der Kost. Homo 33, 1982, 21-42.

Wurm / Leimeister 1986

Helmut Wurm / Helmut Leimeister, Ein Beitrag zur spezifischen Auswahl von Vorschlägen zur Körperhöhenschätzung nach Skeletfunden, zur Vergleichbarkeit von Schätzergebnissen und zur allgemeinen Problematik realistischer Lebendhöhenschätzungen. Gegenbauers morphologisches Jahrbuch 132, 1986, 69-110.

Ziegelmayer 1977

Gerfried Ziegelmayer, Die menschlichen Skelette von St. Ulrich und Afra in Augsburg. In: Joachim Werner (Hrsg.), Die Ausgrabungen in St. Ulrich und Afra in Augsburg 1961-1968. Münchner Beiträge zur Vor- und Frühgeschichte 23 (München 1977) 523-574.

Ziegelmayer 1979

Gerfried Ziegelmayer, Die anthropologischen Befunde. In: Erwin Keller, Das spätrömische Gräberfeld von Neuburg an der Donau. Materialhefte zur bayerischen Vorgeschichte A 40 (Kallmünz 1979) 71-116.

Tafel I

Rechter Oberarmknochen / Humerus von vorne (a, b) und hinten (c) mit Eintragung der Messstrecken H1 und H2. Maßstab ca. 1 : 2,5. Fotos: Daniel Stotzka.

H1: „Größte Länge des Humerus: Geradlinige Entfernung des höchsten Punktes des Caput humeri von dem tiefsten Punkt der Trochlea. Meßbrett. Das Caput wird an die vertikale Querwand angelegt." (Martin / Saller 1957, 532; vgl. Martin 1914, 907 und Martin 1928, 1010).

H1a: „Caput-Trochlearlänge (Gieseler): Dasselbe wie Maß Nr. 1. Meßbrett. Nur mit dem Unterschied, daß das Maß bei den Anthropoiden projektivisch zur Längsachse gemessen wird. Praktisch ist zwischen beiden Maßen nahezu keine Differenz. Die neutrale Bezeichnung »Caput-Trochlearlänge« wurde deshalb gewählt, weil bei Orang-Utan nicht selten Maß 2 Maß 1 übertrifft." (Martin / Saller 1957, 532; vgl. Martin 1928, 1010). - Da laut Martin H1a praktisch identisch ist mit H1, verzichten wir auf die Eintragung von H1a in Tafel I.

H2: „Ganze Länge des Humerus: Abstand des höchsten Punktes des Caput humeri von dem tiefsten Punkt des Capitulum. Meßbrett. Die Knochenachse muß mit der Längsachse des Meßbretts parallel laufen. Das Maß wird projektivisch auf die Längsachse des Knochen genommen und entspricht ziemlich genau der am Lebenden festzustellenden Oberarmlänge. - Gieseler nimmt das gleiche Maß bei Anthropoiden und nennt es aus dem oben angeführten Grund Caput-Capitulum-Länge." (Martin / Saller 1957, 532; vgl. Martin 1914, 907 und Martin 1928, 1010).

- - -

Die Eintragungen der Strecken in die Tafeln I - VI dienen der Veranschaulichung. Für Details sind die Definitionen bei Martin 1914, Martin 1928 und Martin / Saller 1957 heranzuziehen. Der Zusatz „Gieseler" in den zitierten Texten aus Martin / Saller 1957 bezieht sich auf: Wilhelm Gieseler, Meßtechnik der langen Gliedmaßenknochen der Anthropoiden. Abderhalden's Handbuch der biologischen Arbeitsmethoden Abt. 7: Methoden der vergleichenden morphologischen Forschung (Berlin 1926).

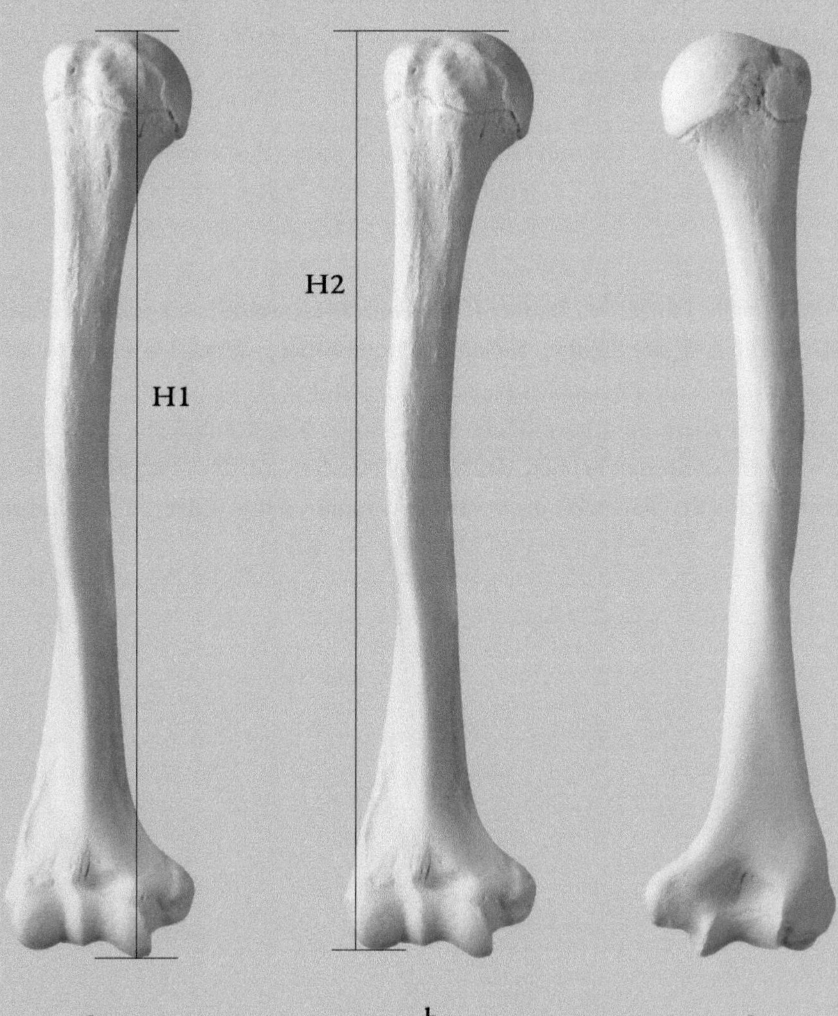
H2
H1
a
b
c

Tafel II

Rechte Speiche / Radius von vorne (a, b) und hinten (c) mit Eintragung der Messstrecken R1, R1b und R2. Maßstab ca. 1 : 2,5. Fotos: Daniel Stotzka.

R1: „Größte Länge des Radius: Abstand des am meisten proximal auf dem Rand des Radiusköpfchens gelegenen Punktes von der Spitze des Processus styloides, ohne Rücksicht auf die Längsachse des Knochens. Meßbrett. Das Maß ist etwas größer als das am Lebenden in Pronationsstellung genommene." (Martin / Saller 1957, 535 f.; vgl. Martin 1914, 910 und Martin 1928, 1014).

R1b: „Parallele Länge: Abstand des lateralen Randes des Radiusköpfchens von der Spitze des Processus styloides. Gleitzirkel." (Martin / Saller 1957, 536; vgl. Martin 1928, 1014).

R2: „Funktionelle Länge des Radius (Gelenkflächenabstand): Geradlinige Entfernung der tiefsten Stellen der beiden Gelenkflächen voneinander. Tasterzirkel. - Da die Anthropoidenradii die menschlichen sehr beträchtlich an Größe überragen, reicht für dieses Maß, vor allem bei Orang-Utan und Gorilla, der gewöhnliche Tasterzirkel nicht aus, man nimmt dafür den großen, der beim Menschen für Beckenmaße verwandt wird, oder steckt in den Stangenzirkel die beiden gebogenen Arme (Gieseler)." (Martin / Saller 1957, 536; vgl. Martin 1914, 910 und Martin 1928, 1014).

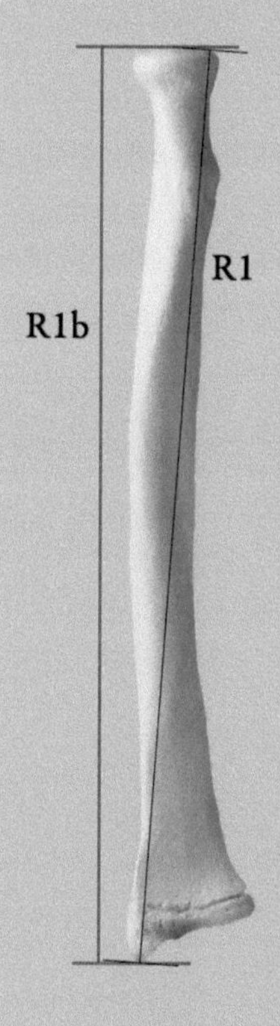

R1
R1b
a

R2
b

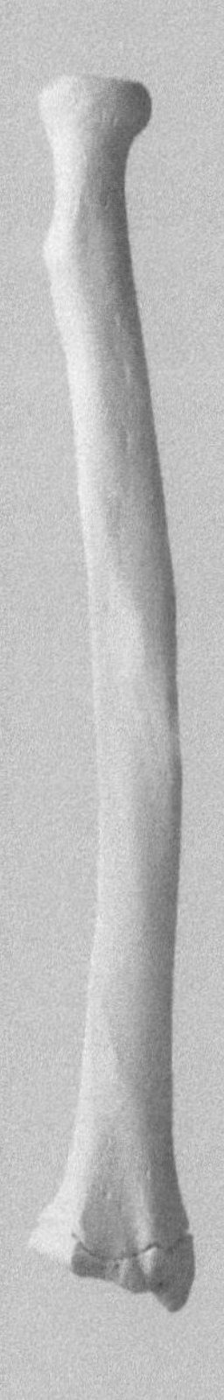

c

Tafel III

Rechte Elle / Ulna in der mesialen Ansicht (a, b) und der lateralen Ansicht (c) mit Eintragung des Messstrecken U1 und U2. Maßstab ca. 1 : 2,5. Fotos: Daniel Stotzka.

U1: „Größte Länge der Ulna: Abstand des höchsten Punktes des Olecranon vom tiefsten Punkte des Processus styloides. Meßbrett." (Martin / Saller 1957, 539; vgl. Martin 1914, 911 und Martin 1928, 1017).

U2: „Funktionelle Länge der Ulna: Geradlinige Entfernung des tiefsten Punktes derjenigen Kante, welche auf der Oberfläche des Processus coronoides entlang zieht, bis zum tiefsten Punkt der Gelenkfläche des unteren Ulnaköpfchens. Der Processus styloides wird nicht gemessen. Tasterzirkel. - Für Anthropoiden größerer Tasterzirkel oder Stangenzirkel mit gebogenen Armen." (Martin / Saller 1957, 539; vgl. Martin 1914, 911 f. und Martin 1928, 1018).

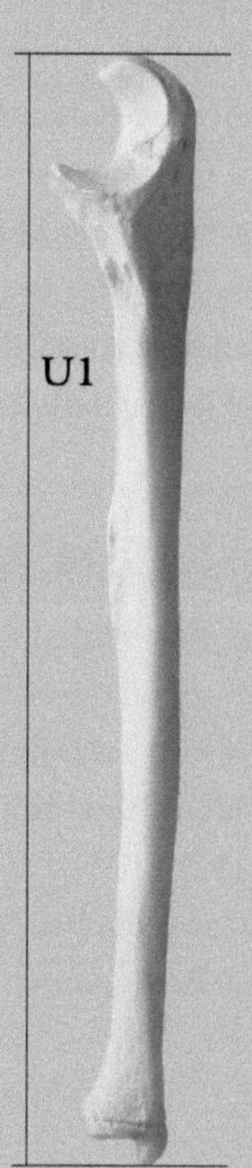

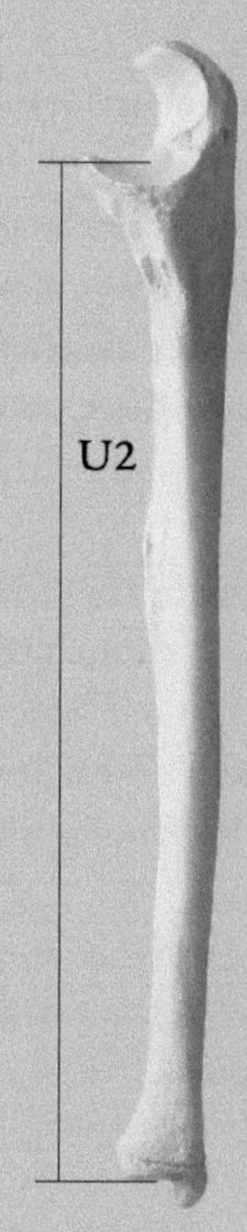

a   b   c

Tafel IV

Rechter Oberschenkel / Femur von vorne (a, b) und hinten (c) mit Eintragung der Messstrecken F1 und F2. Maßstab ca. 1 : 2,5. Fotos: Daniel Stotzka.

F1: „Größte Länge des Femur, Caput-Condylenlänge: Abstand des höchsten Punktes des Caput vom tiefsten Punkte des Condylus medialis (lateralis). Meßbrett. Das Femur wird in der Weise mit seiner dorsalen Seite auf die horizontale Platte in der Längsrichtung des Brettes aufgelegt, daß der Condylus medialis die kurze senkrechte Wand berührt. Indem man den Winkel an die höchste Erhebung des Femurkopfes anlegt, stellt man, unter seitlichen Verschiebungen des Knochens, die Größte Länge fest. - Bei geraden oder nur wenig gekrümmten Femora (Orang-Utan, einem Teil der Schimpansen und Gorilla) läuft die Längsachse des Knochens, bei transversal gekrümmten (einigen Schimpansen) die Sehne dieser Krümmung der langen Brettwand entlang. - Anmerkung zur Caput-Condylenlänge: Gilt nur für Anthropoiden (bei allen anderen Säugetieren entspricht die größte Länge des Femur der Trochanter-Condylenlänge - von der Spitze des Trochanter major zum tiefsten Punkt des Condylus tibialis bzw. fibularis)." (Martin / Saller 1957, 561; vgl. Martin 1914, 922 und Martin 1928, 1037).

F2: „Ganze Länge des Femur in sogenannter natürlicher Stellung: Abstand des höchsten Punktes des Kopfes von einer Ebene, die durch die Unterfläche der beiden Condylen gelegt wird. Meßbrett. Der Knochen wird mit seiner Hinterfläche so auf die Horizontalplatte aufgelegt, daß beide Condylen sich an die kurze vertikale Wand anstemmen. Der Winkel tangiert den höchsten Punkt des Kopfes. Für Anthropoiden wenig brauchbar." (Martin / Saller 1957, 561 f.; vgl. Martin 1914, 922 und Martin 1928, 1037 f.).

In Tafel IV (b) ist der Femur aus grafischen Gründen achsial ausgerichtet, während er beim Nehmen der Strecke F2 tatsächlich auf dem Messbrett an den Condylen ausgerichtet wird und entsprechend winklig liegt.

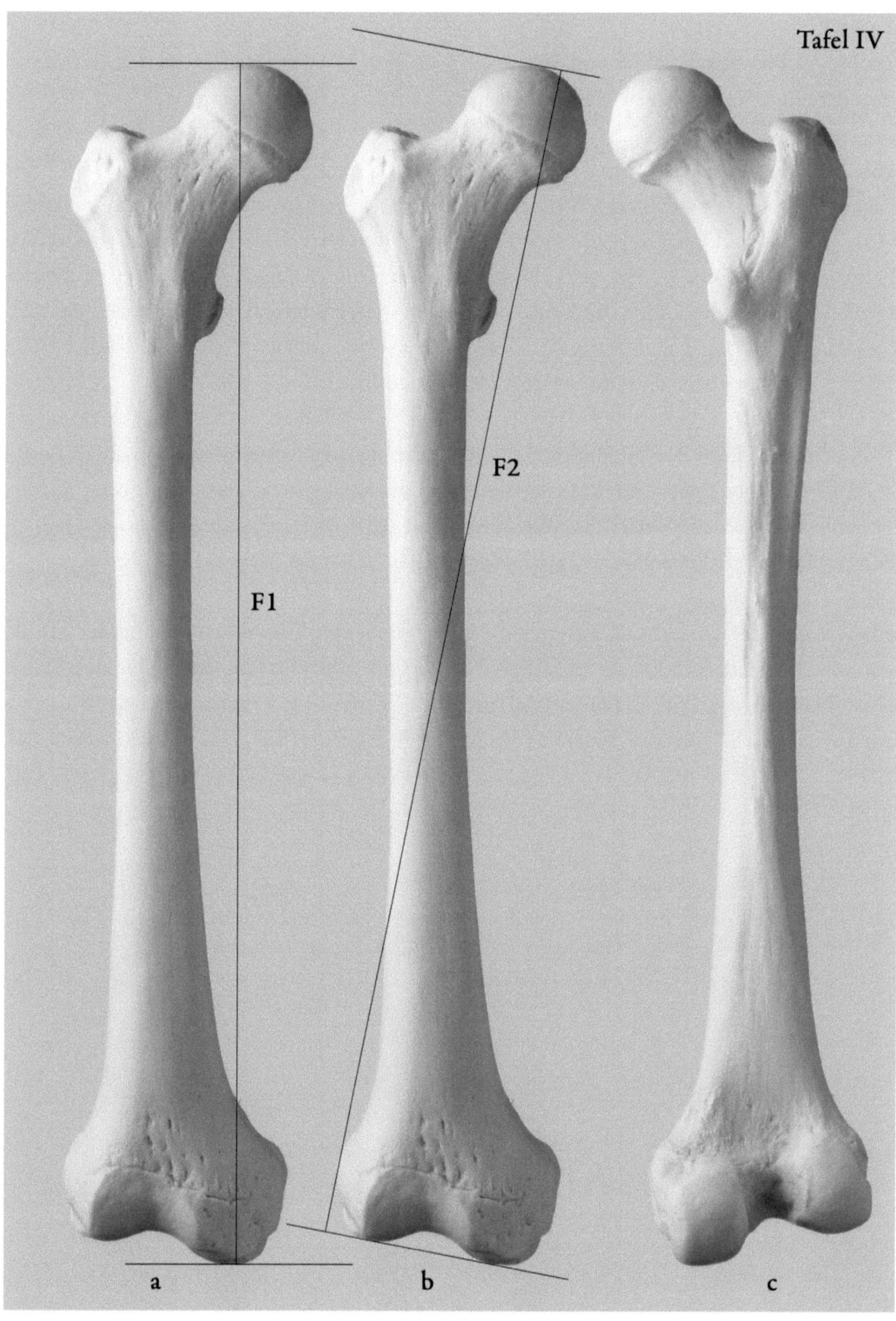

Tafel IV
F1
F2
a
b
c

Tafel V

Rechtes Schienbein / Tibia von vorne (a) und hinten (b, c) mit Eintragung der Messstrecken T1, T1a und T1b. Maßstab ca. 1 : 2,5. Fotos: Daniel Stotzka.

T1: „Ganze Länge der Tibia (lat. Condylen-Malleolenlänge, Gieseler): Abstand der Facies articularis cranialis des Condylus fibularis tibiae von der Spitze des Malleolus tibiae. Meßbrett. Der Knochen wird mit seiner Hinterfläche derart auf die horizontale Platte des Meßbretts gelegt, daß seine Längsachse der Längsausdehnung des Brettes parallel läuft und die Spitze des Malleolus tibialis an der senkrechten Querwand anstößt. Das Winkelmaß wird an die laterale obere Gelenkfläche angelegt." (Martin / Saller 1957, 572; vgl. Martin 1914, 930 und Martin 1928, 1048 f.).

T1a: „Größte Länge der Tibia (Spino-Malleolarlänge): Abstand des vorragendsten Punktes der Eminentia intercondylica von der Spitze des Malleolus tibialis. Meßbrett. Gleiche Technik wie Nr. 1, nur wird das Winkelmaß an die Eminentia intercondylica angestoßen." (Martin / Saller 1957, 572; vgl. Martin 1914, 930 und Martin 1928, 1049).

T1b: „Länge der Tibia (Med. Kondylen-Malleololenlänge, Gieseler): Abstand des Mittelpunktes des Seitenrandes der medialen oberen Gelenkfläche von der Spitze des Malleolus tibialis. Stangenzirkel. Dieses Maß dient am besten zum Vergleich mit der Messung am Lebenden." (Martin / Saller 1957, 572; vgl. Martin 1914, 930 und Martin 1928, 1049).

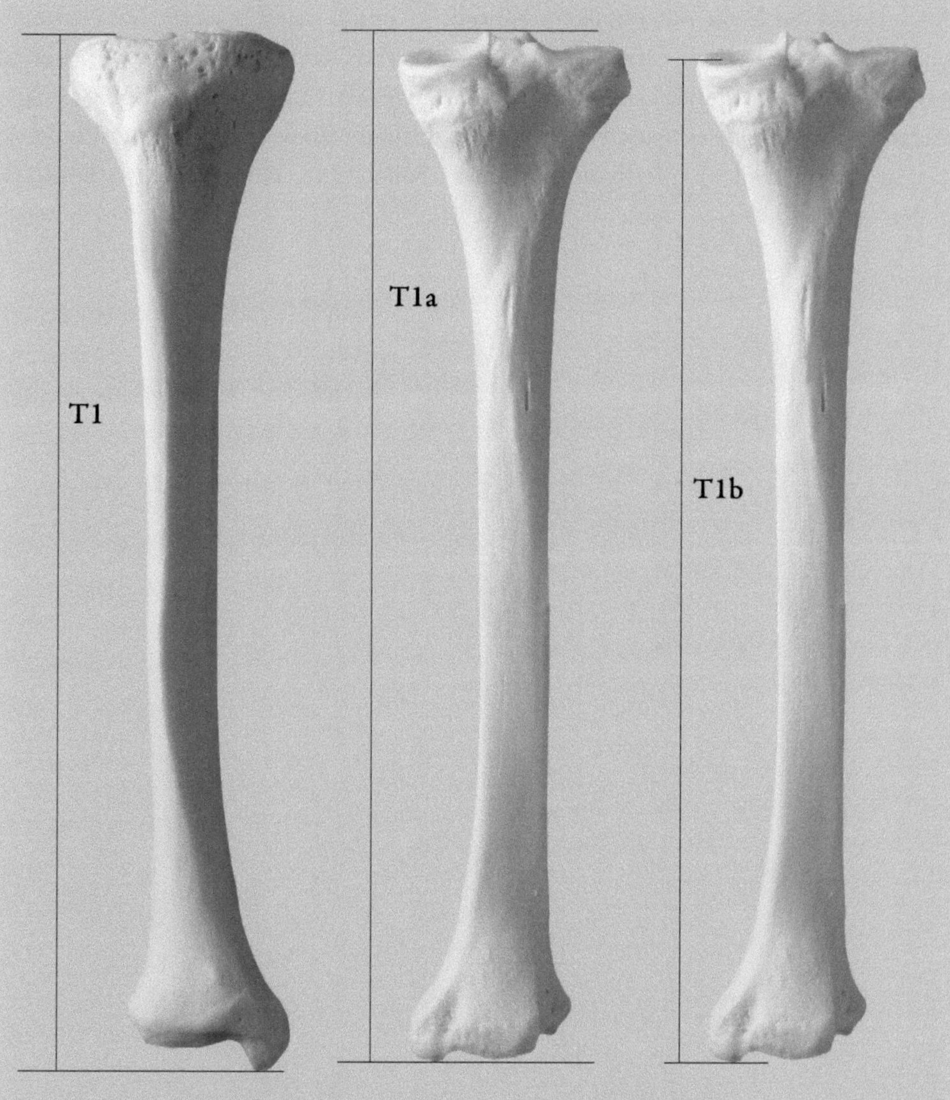

T1
T1a
T1b
a
b
c

Tafel VI

Rechtes Wadenbein / Fibula in lateraler (a) und mesialer Ansicht (b) mit Eintragung der Messstrecke Fib1. Maßstab ca. 1 : 2,5. Fotos: Daniel Stotzka.

Fib1: „Größte Länge: Abstand des höchsten Punktes des Apex capituli fibulae vom tiefsten Punkt des Malleolus fibulae. Meßbrett. - Anmerkung: Da dieses Maß bei manchen Anthropoiden (z.B. Orang-Utan) kleiner ist als die folgende Variante, nennt Gieseler Maß Nr. 1: Laterale Capitulo-Malleolenlänge. Maß 1a: Mediale Capitulo-Malleolenlänge: Abstand des höchsten Punktes des Capitulum fibulae vom tiefsten Punkt der Facies articularis malleoli. Meßbrett." (Martin / Saller 1957, 576; vgl. Martin 1914, 934 und Martin 1928, 1052).

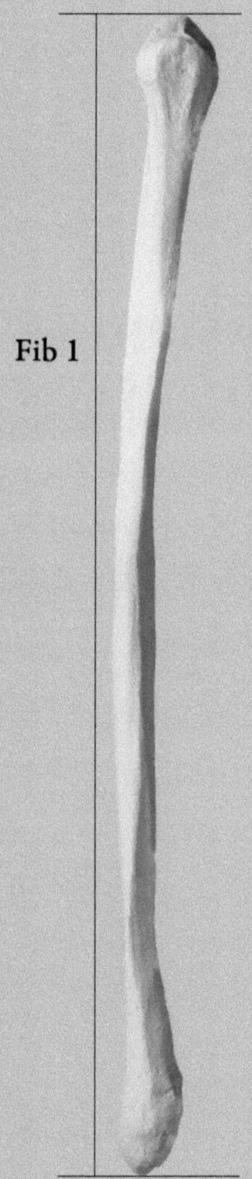

a   b

FSC
www.fsc.org
MIX
Papier aus ver-
antwortungsvollen
Quellen
Paper from
responsible sources
FSC® C105338